認知症高齢者の
安全・安心な暮らしとは？

ひとり暮らしが可能な環境をつくるために

粟田 主一 著

株式会社 ワールドプランニング

はじめに

国民の平均寿命の延伸と少子高齢化の進展を背景に，認知症とともに１人で暮らす高齢者の数が着実に増加しています．しかし，今日の社会環境のなかで認知症とともにひとり暮らしを続けることは決して容易なことではありません．これまでの研究から，「認知症」でありかつ「独居」であることは，在宅生活の継続を中断させる大きな要因になっていることが明らかにされています．また，ひとり暮らしの認知症高齢者は，必要な情報やサービスにアクセスしにくい状況にあること，そのために，健康状態や居住環境が悪化したり，経済被害や経済的困窮に陥ったり，対人的なトラブルが生じたり，事故や行方不明などによって生命の危険にさらされやすいことも示されています．これらの事実は，認知症とともに１人で暮らす高齢者の「市民としての権利」の実現を阻む深刻な問題として認識されなければなりません．

本書は，独居認知症高齢者等が安全・安心な暮らしを送れる環境づくりを進めるために，自治体やさまざまな関係機関，地域に暮らす人々が，今後どのような取り組みを進めるべきかを考えるヒントを示すために作成しました．なお，ここでいう独居認知症高齢者等の「等」とは，独居認知症高齢者のほかにも，「夫婦ともに認知症である夫婦のみ世帯」や「認知症である高齢者のみの世帯」など，ひとり暮らしの認知症高齢者と類似した社会的支援ニーズがある人々を含めて考えることを意味しています．残念ながら，「夫婦ともに認知症である夫婦のみ世帯」や「認知症である高齢者のみの世帯」に関する研究は少なく，文献的な情報は極めて乏しいため，本書の内容は主として独居認知症高齢者に焦点を当てたエビデンスに基づいて作成しています．それでも，本書の内容は，「夫婦ともに認知症である夫婦のみ世帯」や「認知症である高齢者のみの世帯」の場合にも参考になるものと考えています．

本書は，令和元年度～３年度に実施された厚生労働科学研究費補助金認知症政策研究事業「独居認知症高齢者等が安全・安心な暮らしを送れる環境づくりのための研究」研究班が実施した既存統計資料による調査，疫学調査，事例調査，さまざまな地域の取り組みに関する調査，アクションリサーチ，文献調査の結果を踏まえて作成しています．研究の過程において，この分野の研究は，国内外を通じて現段階では極めて乏しく，数多くの研究課題が残されていることも明らかにされており，令和４年度からも新たな研究班を立ち上げて研究が継続されています．

たとえ認知症になっても，ひとり暮らしであったとしても，その人が地域の大切な一員として認識され，希望と尊厳をもって暮らすことができる社会環境をつくりだすことは，世界最高水準の長寿国であるわが国の責務であり，国民１人ひとりが「わが事」として考えていかなければならない重要な課題です．本書が，そのような課題の解決と持続可能な地域共生社会の実現に向けて，わずかな１歩でも踏み出すことに貢献することができればと願っております．

厚生労働科学研究費補助金認知症政策研究事業
「独居認知症高齢者等が安全・安心な暮らしを送れる環境づくりのための研究」研究班
代表　粟田主一

目 次

序章

本書の目的と構成

本書は，今後の自治体の認知症施策や事業計画の立案おいて，またさまざまな関係諸機関や地域に暮らす人々の取り組みにおいて，独居認知症高齢者等が安全・安心に暮らせる環境づくりを進めるためのヒントや指針が得られるようにすることを目的に作成しました.

全体は８章で構成されています．第１章では独居認知症高齢者の生活実態や生活課題を，既存の統計資料や科学的な調査研究の結果に基づいて解説しています．第２章〜第４章は独居認知症高齢者等の地域生活の継続と安定化に向けて多職種協働で実践される社会的支援のコーディネーションという考え方について解説しています．また，第５章では認知症である高齢者が自宅から施設などに生活の場を移行する場合に配慮すべきこと，第６章ではエンド・オブ・ライフにおいて配慮すべきこと，第７章では独居認知症高齢者等が必要な社会的支援にアクセスしやすくするための環境づくり，すなわち，社会的支援のネットワークづくりについて解説しています. 最後の第8章では, 本書の結びとして, 持続可能な地域共生社会の実現に向けて私見を述べさせていただきました.

独居認知症高齢者等が，地域生活の継続が困難な状況に陥りやすいのは，通常であれば同居する家族によって確保されている日常生活支援が，独居であるために確保されにくくなっているからです．そのために，必要なときに必要な社会的支援につながれないというアンメット・ニーズの状況が発生しやすいと考えられます．この問題を克服するためには，上記で述べたコーディネーションとともに，ひとり暮らしであったとしても，必要な社会的支援につながりやすい地域社会の構造をつくりだしていかなければなりません．つまり，社会的支援のコーディネーションとネットワーキングを車の両輪として推進していく取り組みが求められています．それは，持続可能な地域共生社会を実現するための道筋ともいえます．本書は，そのような視点に立って全体を構成しています．

第１章

独居認知症高齢者の生活実態と生活課題

１．わが国の認知症高齢者の有病率

認知症の有病率は，年齢階級が５歳上がるごとに倍増する傾向があることが知られています．表 1-1 は認知症高齢者の性・年齢階級別有病率を示していますが，これをみると，認知症の有病率は 65～69 歳であれば 2～3%程度ですが，85 歳以上になると概ね２人に１人が認知症であることがわかります．

表 1-1. 認知症高齢者の性・年齢階級別有病率

	年齢階級	有病率（%）	95%CI
男性	65～69 歳	1.94	1.44－2.61
	70～74 歳	4.30	3.31－5.59
	75～79 歳	9.55	7.53－12.12
	80～84 歳	21.21	16.86－26.68
	85 歳以上	47.09	37.09－59.77
女性	65～69 歳	2.42	1.81－3.25
	70～74 歳	5.38	4.18－6.93
	75～79 歳	11.95	9.57－14.91
	80～84 歳	26.52	21.57－32.61
	85 歳以上	58.88	47.69－72.69

二宮利治：日本における認知症の高齢者人口の将来推計に関する研究．平成 26 年度厚生労働科学研究費補助金総括・分担研究報告書（研究代表者：二宮利治）より引用．

2．わが国の認知症高齢者数の将来推計

表 1-1 の数値を用いてわが国の認知症高齢者数の将来推計値を算出すると，2030 年には認知症高齢者数が 700 万人を超え，高齢者の 5 人に 1 人以上が認知症の時代を迎えることがわかります（表 1-2）．また，この数値を年齢階級別に算出しなおしてみると図 1-1 のようになります．これをみると，21 世紀の前半に認知症高齢者の数は右肩あがりに増加し続けますが，増加するのは 85 歳以上の認知症高齢者であり，84 歳以下の認知症高齢者の数はほとんど増加しないことがわかります．

3．わが国のひとり暮らし高齢者の数

ところで，わが国の高齢者がいる世帯では，単独世帯及び夫婦のみ世帯の占める割合が年々増加しています[1]．2025 年のわが国

表 1-2. わが国の認知症高齢者数の将来推計

年	認知症高齢者の推定数（万人）		認知症の推定有病率（%）	
2012	462	(369－578)	15.0	(12.0－18.8)
2015	517	(413－647)	15.2	(12.2－19.1)
2020	602	(482－754)	16.7	(13.3－20.9)
2025	675	(541－844)	18.5	(14.8－23.1)
2030	744	(596－929)	20.2	(16.2－25.2)
2035	799	(640－998)	21.4	(17.1－26.7)
2040	802	(642－1001)	20.7	(16.6－25.9)
2045	788	(631－985)	20.4	(16.4－25.5)
2050	797	(638－995)	21.1	(16.9－26.4)
2055	826	(662－1031)	22.8	(18.2－28.4)
2060	850	(681－1061)	24.5	(19.7－30.6)

二宮利治：日本における認知症の高齢者人口の将来推計に関する研究．平成 26 年度厚生労働科学研究費補助金総括・分担研究報告書（研究代表者：二宮利治）より引用．

1) 厚生労働省：2019 年国民生活基礎調査の概況.

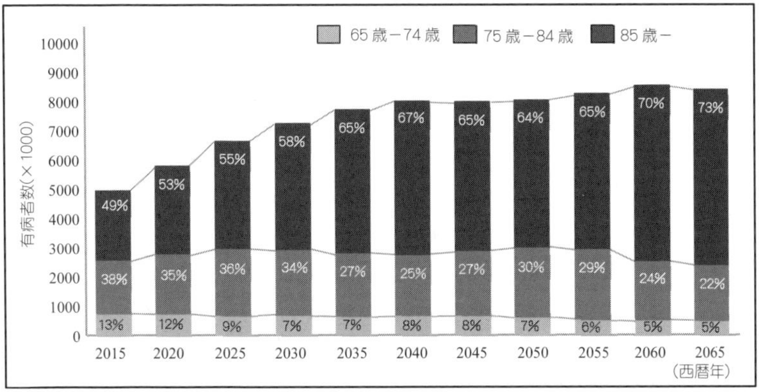

図 1-1. 認知症高齢者数の将来推計と年齢階級別構成比
各年齢層の認知症有病率が一定と仮定し，国立社会保障・人口問題研究所「日本の将来推計人口（平成 29 年推計）・出生中位（死亡中位）推計」を用いて算出した．
（粟田：超高齢期の認知症の疫学と社会状況. 老年精神医学雑誌, 30：238-244, 2019.）

の 65 歳以上単独世帯高齢者数は男性で 268 万人（高齢者人口の 16.8%），女性で 483 万人（23.2%）であり，2040 年には男性で 356 万人（20.8%），女性で 540 万人（24.5%）になるものと推計されています[2]．つまり，男性高齢者の 5 人に 1 人，女性高齢者の 4 人に 1 人がひとり暮らしになる見込みです．単独世帯高齢者の数は男性では前期高齢者に，女性では後期高齢者に多い傾向が認められますが，増加の勢いは男女いずれも 85 歳以上で顕著であることがわかります（図 1-2）．このことは独居認知症高齢者の増加と深く関係しています．

4. 独居認知症高齢者の数

表 1-1 に示す認知症高齢者の性・年齢階級別有病率と図 1-2 に

2) 国立社会保障・人口問題研究所：日本の世帯数の将来推計（全国推計）（2018 年推計）

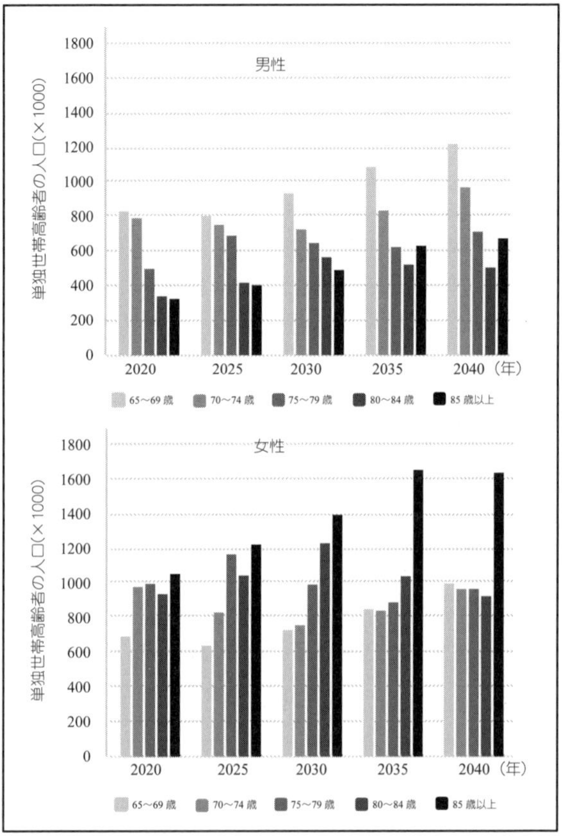

図 1-2. 国立社会保障人口問題研究所の「日本の世帯数の将来推計」（全国推計）（2018 年推計）における性・年齢階級別単独世帯高齢者人口の将来推計

示す性・年齢階級別単独世帯高齢者数の将来推計値の積を求めてわが国の性・年齢階級別独居認知症高齢者数の将来推計を算出すると，図 1-3 のようになります．独居認知症高齢者数の総数は年々増加し，2025 年には 147 万人（男性 33 万人，女性 114 万人），2040 年には 181 万人（男性 47 万人，女性 134 万人）に達する

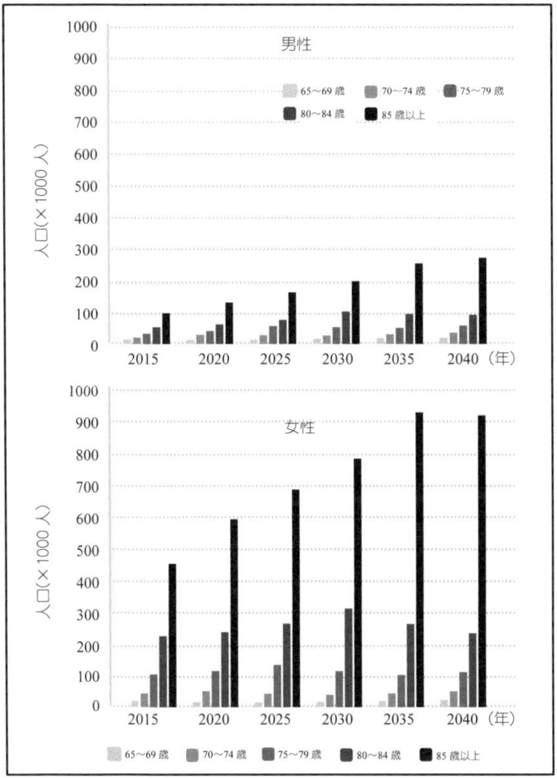

図 1-3. 性・年齢階級別にみた独居認知症高齢者数の将来推計

注）認知症であり，かつ単独世帯である場合には，施設移行のリスクが高まることが確認されているので，実際の有病者数はこれよりもやや低くなるものと考えられるが，85 歳以上の単独世帯認知症高齢者数の将来に向けての増加の勢いはこのグラフに準ずるものと予測される．

ものと予測されています．また，独居認知症高齢者の人口に占める割合は年齢階級とともに高くなり，2025 年では 85 歳以上の男性の 7%，女性の 14%が独居認知症高齢者となります．さらに，独居認知症高齢者の増加は 85 歳以上において最も顕著であり，2015～2040 年の 25 年間に男性では約 3 倍，女性では約 2 倍増加するものと予測されます（図 1-3）．認知症高齢者数に占める独居認知症高齢者の割合は，2025 の段階で 22%，2040 年の段階で 23%であり，認知症高齢者の 4〜5 人に 1 人がひとり暮らしということになります[3]．

5. 在宅継続率

これまでの国内外の研究から，認知症高齢者は非認知症高齢者よりも在宅継続率が低いことが示されています．また，川越らの研究[4]によって，「認知症であり，かつ独居であること」が，認知症高齢者の在宅継続率をさらに低くすることが明らかにされています（図 1-4，1-5）．日常的な生活支援の担い手である同居家族がいないことが，地域生活の継続に必要な社会的支援の不充足（アンメット・ニーズ）につながり，それが在宅継続率を低下させる要因になっているものと推測されます．

6. 社会的孤立

社会的孤立とは，他者との社会的接触が制限または欠如した状態を言いますが，その本質的な意味は「必要な社会的支援の利用を可能とする社会的ネットワークが不足または欠如していること」と考えることができます．認知症であって，日常の生活支援を担う家族や親族がいない場合には，必要な情報を入手し，必要な社会的支援につながることが困難になりがちです．

---

[3] 粟田主一：一人暮らし，認知症，社会的孤立．老年精神医学雑誌，**31**(5):451-459, (2020).
[4] 川越雅弘ほか：一人暮らし在宅認知症高齢者の 2 年後の転帰，在宅継続率およびケアの場の移行状況．老年精神医学雑誌，**33**(3):218-223 (2022).

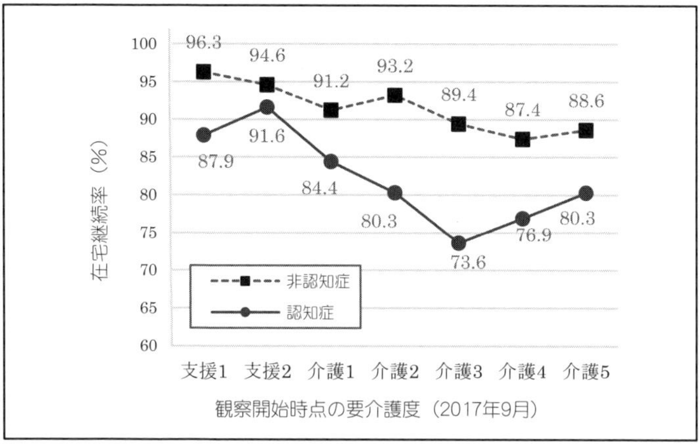

図 1-4. 要介護度別に見た認知症高齢者と非認知症高齢者の 2 年後の在宅継続率（A 市で介護サービスを受給している地域在住高齢者 N＝12,067）
注）認知症高齢者の日常生活自立度Ⅱ以上を認知症と定義.
（川越雅弘：独居／非独居認知症高齢者の在宅継続率及び移行先の差異，令和 2 年度厚生労働科学研究「独居認知症高齢者等が安全・安心な暮らしを送れる環境づくりのための研究」研究代表者：粟田主一）

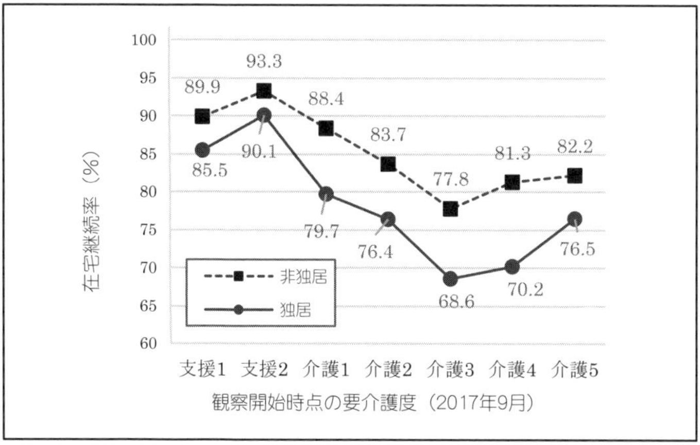

図 1-5. 要介護度別に見た独居認知症高齢者と非独居認知症高齢者の 2 年後の在宅継続率（A 市で認知症高齢者の日常生活自立度Ⅱ以上の地域在住高齢者 N＝6,424）
注）認知症高齢者の日常生活自立度Ⅱ以上を認知症と定義.
（川越雅弘：独居／非独居認知症高齢者の在宅継続率及び移行先の差異，令和 2 年度厚生労働科学研究「独居認知症高齢者等が安全・安心な暮らしを送れる環境づくりのための研究」研究代表者：粟田主一）

したがって，独居の認知症高齢者は，同居家族がいる場合よりも，社会的孤立のリスクが高いと考えることができます．これまでの研究から，社会的孤立は，認知機能低下，身体機能低下，移動能力低下，不良な健康状態，低い社会経済状態と密接に関連することも明らかにされています[5]．

7. 孤独と精神的健康問題

一方，孤独とは，「仲間づきあいがないことに関するネガティブな感情」を意味しています．これまでの研究から，独居の認知症高齢者は，同居家族がいる場合よりも，孤独を感じている人が多く，その程度も強いこと，抗うつ薬・抗不安薬・抗精神病薬・睡眠薬の処方頻度も高いことが明らかにされています[6]．独居であることは，家族介護者との葛藤が生じにくいという側面もあるかもしれませんが，一方，社会的孤立や孤独を体験するリスクは高く，それが精神的健康問題の発生や悪化と深く関連する可能性があります．

8. 身体的健康問題

認知症や認知機能低下高齢者を対象とする疫学調査では，独居者と同居家族がいる者との間で，身体的健康状態に差は認められず，身体機能は独居者のほうが高いという報告もあります[6]．しかし，認知症の日常診療では，服薬管理，栄養確保，温熱環境の調整など健康管理に関する生活支援の不足のために，高血圧症や

---

[5] 粟田主一：一人暮らし，認知症，社会的孤立．老年精神医学雑誌，**31**(5):451-459（2020）．
[6] 津田修二：認知症とともに一人で暮らす高齢者の健康問題と支援ニーズ．老年精神医学雑誌，**33**(3):230-234（2022）．

糖尿病などの慢性身体疾患が悪化している事例，脱水症や熱中症で救急受診する事例に遭遇することは少なくありません．また，長期にわたる社会的孤立によって，身体的健康問題も増悪し，複雑困難状況に陥って事例化する例も散見されます．「認知症」であり，「独居」であり，さらに「社会的孤立」の傾向が高まると，身体的健康問題の発生・増悪のリスクも高まるものと考えられます．

9. 口腔機能と低栄養

独居認知症高齢者では口腔衛生習慣の低下や歯科受療への障壁があることに加え，他者による促しや気づきが得られないことによって口腔機能低下のリスクが高まるものと推測されます．さらに経済的・身体的要因による食料調達の困難，判断力低下による食品衛生の課題，食事療法が必要なケースでの実践困難，抑うつや不安等による食欲低下などよって，低栄養のリスクも高まるものと推測されます．岩崎らは，地域在住高齢者を対象とする調査によって，「認知機能低下がありかつ独居である高齢者」では低栄養の頻度が顕著に高まることを明らかにしています[7]．また，枝広らは，認知症の重症度の進展とともに歯周囲炎症面積が大きくなることを示し，認知症高齢者に対する口腔保健活動の重要性を指摘しています[8]．

10. 健康問題のリスクを低減させる対策

独居認知症高齢者等の健康問題のリスクを低減させる対策に

---

7) Iwasaki M, et al.: Nutritional status and body composition in cognitively impaired older persons living alone: The Takashimadaira study. *PLoS One*, **16**(11) 2021 Nov 23: e0260412.

8) Edahiro A, et al.: Severity of dementia is associated with increased periodontal inflamed surface area: home visit survey of people with cognitive decline living in the community. *Int J Environ Res Public Health*, **18**(22) 2021 Nov 14:11961.

ついて，科学的に効果が検証されたものはありません．少数の実践報告では，馴染みの支援者が自宅を訪問し，本人の生活状況を確認したうえで，自宅生活の安定化を図る支援が行われています．支援内容は服薬エラー，転倒，清潔保持の困難，火事，自動車運転などのリスクへの介入であり，身体機能／認知機能／生活状況／本人のこだわりなどをアセスメントし，本人ができることを尊重しながら支援を個別化し，医療チームで役割分担するといった特徴があります．これらは，第２章～第４章で解説する社会的支援のコーディネーションと深く関連しています．

11. 経済的困窮

「認知症」でありかつ「独居」であることは，①日常的な金銭管理に支障が生じている場合があること，②家族による家計管理の支援が得られない場合があること，③必要な社会保障制度につながれていない場合があること，などから，経済的困窮のリスクが高まるものと推測されます．

稲垣らは，大都市に暮らす地域在住高齢者の調査によって，独居の認知機能低下高齢者は，同居家族がいる場合よりも，年収が低く，賃貸住居の居住率が高いことを示しています[9]．実際，日常診療の現場でも，地域保健の現場でも，生活困窮状態にあるひとり暮らしの認知症高齢者に遭遇することは少なくありません．独居認知症高齢者等の経済状況の把握と支援策の検討が求められています．

---

[9] 稲垣宏樹ほか：新コホートを対象とした疫学的調査（板橋区高島平地区）．厚生労働科学研究費補助金認知症政策研究事業「独居認知症高齢者等が安全・安心な暮らしを送れる環境づくりのための研究」令和 2 年度総括・分担研究報告書, pp.45-68.

12. 経済被害

高齢者が振り込め詐欺などの経済被害にあいやすいことはよく知られた事実です．「認知症」でありかつ「独居」であれば，悪質商法や年金・財産の横領など，経済被害のリスクはさらに高めるものと考えられますが，その実態は明らかにされていません．「認知症」でありかつ「独居」であるがゆえに，だれにも気づかれず，被害届けが出されず，表面化するのは一部のケースに限られているものと思われます．実際，別居の家族や介護支援専門員が訪問した際に偶然気づかれるという場合が少なくありません．介護支援専門員を対象とする調査では，担当している独居認知症高齢者のうち経済被害にあった人またはあいそうになった人は８割を超えると報告されています[10]．被害を減らす方策として，見守りネットワークをつくることや，成年後見制度を利用するなどの方法がありますが，このような方策には多少なりとも本人の自由を制限するという側面があることにも留意する必要があります（対策については，第３章６を参照）．

13. 行方不明

独居認知症高齢者では，外出に際して家族による支援が得られない場合が多くなることから行方不明のリスクが高まるものと推測されます．しかし，その実態は明らかにされていません．独居であるということが実態調査を困難にしているものと思われます．しかし，菊地らは，警察庁のデータや自治体のデータを用

10) 横尾恵美子：福祉の現場から；認知症高齢者が地域で豊かに暮らしていくための介護支援専門員の役割．地域ケアリング, **20**(6):54-59 (2018).

いた研究で，①行方不明時に独居であることが発見時の死亡に関連すること，②行方不明から発見までの時間が長いことが発見時の死亡と密接に関連すること，③行方不明に最初に気づく人は家族・親族が最も多く，サービス担当者がそれに次ぐことを示し，家族やサービス担当者が定期的に訪問していれば行方不明を早期に発見できる可能性が高まると指摘しています[11]．これまで市区町村では認知症高齢者の行方不明に対するさまざまな取り組みがなされてきましたが，独居認知症高齢者にフォーカスをあてた対策はほとんど行われていません．独居認知症高齢者の行方不明対策を講ずるためには，まずは警察庁の調査に世帯類型を含めるなどしてその実態を把握する必要があります．それを踏まえて，どのような対策を講じるべきか，その方法論を示すことが今後の課題となるでしょう（対策については，第 4 章 8-3),4)を参照)．

14. 大都市の生活課題

大都市は住宅が密集しているために，地域住民としてのルールが守れなくなったり，被害妄想や攻撃的な行動などで近隣とのトラブルが生じたりすることが，独居認知症高齢者の生活課題としてクローズアップされることがあります．また，大都市には賃貸物件が多いことから，金銭管理能力の低下による家賃の滞納や家主との関係の悪化が，ひとり暮らしの継続を阻む要因となることがあります．さらに，医療やその他サービスへのアクセスがよいがゆえに，度を超えた利用が問題となり，それが「ひとり暮らし

---

[11] Kikuchi K, et al.: Exploratory research on outcomes for individuals missing through dementia wandering in Japan. *Geriatr Gerontol Int*,**19**(9),902-906 (2019). 菊地和則ほか：独居認知症高齢者の行方不明の実態；150 事例からの報告. 老年精神医学雑誌, **32**(4), 469-479 (2021).

の継続は難しい」と判断されるきっかけになる場合もあります．多彩な背景の人が密集して住んでいる大都市では，対象を狭めずに，間口が広く敷居が低く，さまざまな困り事に対して相談できる窓口とともに，健康等についての学びの場・交流の場などをかねた居心地のよい居場所と，ワンストップで実用的かつ心理社会的な支援を提供できる場が必要かと思われます．また，賃貸住宅を利用する独居認知症高齢者等に対し，安心できる住まいの確保と生活支援，つながりづくりを一手に提供する取り組みも有効な支援策かと思われます（対策については，第３章２-２）を参照）．

15. 中山間地域の生活課題

中山間地域には，「公共交通機関の運行数が少ない」「医療や介護サービス，生活に関わる商業施設等の資源が少ない」「住民の高齢化により支え合い活動の推進が難しい」などの課題があります．また，豪雪地帯では，雪による移動の困難さが加わり，外出機会が減少し，孤立，閉じこもり，フレイルのリスクが高まる傾向があります．過疎化が進めば，「なじみの関係」も少なくなり，孤独感や寂しさも強まります．一方，中山間地域だからこそできることもあり，地域密着型サービスのサテライト，多機能型シェアハウス，生活支援ハウスなどの制度も活用できます．また，都道府県および市町村では中山間地域活性化計画が策定され，内閣府では地域創生を目指した「小さな拠点」づくりも進められています．①重層的に支えるネットワークの構築，②地域を支える人材の育成・確保，③意思決定と自立の支援，④なじみの関係の継続と構築，⑤本人に適した生活場所の確保と暮らし方の尊重，⑥全世代的な地域づくりへの取組，⑦トータルにマネジメントする体制づくり，が鍵となっています．

16. 離島の生活課題

離島には，一般的には，伝統的な地域の互助活動や島民同士のネットワークがあり，これが生活支援に役立てられています．しかし，このような地域の互助では対応できないニーズ（運転免許返納後の移動手段の確保，病態栄養食の確保，日中の居場所の確保など）が生じた際には，社会資源の乏しさゆえに，生活の継続が困難になりがちです．また，専門的な医療が必要になった際には島を離れなければならない，といった医療サービスへのアクセシビリティの問題が生じます．さらに，自然環境の厳しさがこれに追い打ちをかけます．一方，中山間地域と同じように，地域密着型のサテライト，多機能型シェアハウス，生活支援ハウスなどの制度が活用できます．また，介護保険サービスについては，サービス確保が困難な離島等の特例[12]も設けられています．現存するさまざまなセクターの支援者が分野を超えたネットワークを構築することで，社会資源の乏しさを補うことが期待されています．

17. マンションに暮らす独居認知症高齢者の生活課題

マンションに暮らす独居認知症高齢者については，「住戸までたどりつけない」「住戸から外出できない」「共同生活するうえでの迷惑行為がある（騒音，火の不始末，ゴミ出しのルールを守らない，所定の場所に駐輪・駐車しない，いわゆるゴミ屋敷・異臭など）」「管理組合の業務に支障を与える」「（別居家族がいない場

---

[12] 令和3年度介護報酬改定において，指定サービスや基準該当サービスの確保が著しく困難な離島等の地域で，市町村が必要と認める場合には，これらのサービス以外の居宅サービス・介護予防サービスに相当するサービスを保険給付の対象とすることができるようになった．

合など）居住者名簿等に居住者の緊急連絡先が記載されていない」といった問題が指摘されています．対応は事例によってさまざまですが，共通する対策として，①居住者が認知症について正しく理解すること，②居住者名簿の緊急連絡先，要配慮者支援のための申告欄，要援護者名簿を記載・更新すること，③管理組合は認知症の相談先として地域包括支援センターがあることを認識し平時より交流すること，④行政は地域包括支援センター等の情報を管理組合に提供すること，⑤管理組合の理事長は居住者の異変を認識した場合には早期に緊急連絡先か地域包括支援センター等に連絡すること，⑥マンションの居住者も他の居住者の異変を認識した場合には早期に地域包括支援センター等に連絡できるようにすること，などが挙げられています．

18. 生活の質（Quality of Life）

独居認知症高齢者は「孤独を感じやすい」ということが知られていますが，心の健康を維持することが Living well with dementia「認知症とともに良き生活を送ること」につながるとする報告があります[13]．本人の自己肯定感，楽観性，自尊心といった心理的な資源を豊かにする関わりや，適切な医療・介護サービスの提供が重要であることが示唆されています．自宅や介護付き住宅に暮らす人々を対象とするインタビュー調査[14]からは，地域に根差した場で他者と交流したいという意見も認められています．しかし，

---

[13] Clare L, et al.: Living alone with mild-to-moderate dementia: findings from the IDEAL cohort. *J Alzheimers Dis*, **78**(3):1207-1216 (2020).

[14] Arai A, et al.: Influence of social interaction on behavioral and psychological symptoms of dementia over 1 year among long-term care facility residents. Geriatr Nurs, **42**(2):509-516 (2021).; Field B, et al.: What influences uptake of psychosocial interventions by people living with early dementia? A qualitative study. *Dementia* (London), **20**(8): 2668-2688 (2021).

認知症のある人だけを対象としたグループや受動的な作業には参加したくないという意見もあります．参加・交流の内容は，他の人と目を合わせたり，話したりする活動から創造的な活動までさまざまですが，地域に根差した場で，認知症や障害の有無に関わらず，誰でもが参加でき，主体的に活動できるような取り組みが，生活の質（Quality of Life）の維持・向上にとって大切なのかもしれません．

19. 本人の体験と対処行動

独居認知症高齢者は，物忘れの診断がついたことに一度は安堵するものの，診断後の適切な支援の調整が不十分なために，治療や支援，生活についてどう対処してよいかわからない感覚をもつ場合があることが報告されています[15]．また，本人が認知症という診断を認めない場合でも，認知機能や身体機能の衰えやそれによる失敗を自覚しており，これに対して前向きに工夫し，対策を立てていることが報告されています[16]．自分の限界を受け容れつつ，できる限り自立した生活を送りたいと願いながらも，認知症の進行には不安を抱え，ひとり暮らしにはいずれ終わりがやってくると思っている人もいます[17]．

自分の認知機能や身体機能の衰えに伴う困難や，ひとり暮らしに伴う孤独感を自覚しながらも，自分なりに対策を講じて自立生活を維持する努力をしている人は少なくありません．具体的には，「家事や人と約束して会うなどの日課を確実にこなす」「日常生

[15] Portacolone E, et al.: The effects and meaning of receiving a diagnosis of mild cognitive impairment or Alzheimer's disease when one lives alone. *J Alzheimers Dis*. **61**(4):1517-29 (2018).
[16] Duane F, et al.: Living alone with dementia. *Dementia*. **12**(1):123-36 (2011).
[17] Witt L, et al.: Living alone with dementia; an interpretive phenomenological study with older women. *J Advanced Nurs*. **66**(8):1698-1707 (2010).

活の失敗を予防する」「家族や友人など近しい人との直接的・間接的交流を維持する，新たに求める」「不安や相談事を周囲に伝える」「フォーマル・インフォーマルな支援やその提案を受け入れて利用する」などの努力や工夫が報告されています．

第2章

社会的支援のコーディネーション

認知症や障害などによって地域生活の継続が困難な状況に直面しているときに，地域生活の継続に必要な社会的支援を統合的に調整することをケアコーディネーションとよんでいます．国際的には，ケアコーディネーションはケースマネジメント[18]またはケアマネジメントとほぼ同義語として使用されています．しかし，ケアマネジメントという用語は，わが国では介護支援専門員（ケアマネジャー）が行う業務として使用される場合が多いので，ここではより広い意味をもつ言葉としてケアコーディネーションまたはコーディネーションという用語を使用することにいたしました．

コーディネーションの役割を担う専門職は一般的にはコーディネーターとよばれます．地域包括支援センターや居宅介護支援事業所はコーディネーションを実践する事業所であり，そのスタッフ（社会福祉士，保健師，介護支援専門員等）はコーディネーターとしての役割を果たす専門職です．また，認知症サポート医にはコーディネート医としての役割が期待されており，認知症初期集中支援チームは多職種協働によってコーディネーションを実践する専門職チームにほかなりません．第1章5で述べたよう

---

[18] 日本で最初にケースマネジメントの著書を著した白澤は，「対象者の社会生活上でのニーズを充足させることで，適切な社会資源と結びつける手続きの総体」と定義している．

に，独居認知症高齢者の地域生活中断の背景にアンメット・ニーズにあるとすれば，まずはコーディネーションの機能を効果的に発揮できる地域システムを構築することが，最初に取り組むべき課題となります．

1. 基本原則：認知症とともに生きる本人がケアの決定に関与できるようにすること

コーディネーションの基本原則は，「認知症とともに生きる本人がケアの決定に関与できるようにすること」です．認知症とともに尊厳ある地域生活を継続するには，認知症とともに生きる本人が，必要な社会的支援の決定に関与できるようにしなければなりません[19]．そのためには，認知症支援に関わるすべての人が，「認知症の人の日常生活・社会生活における意思決定支援ガイドライン」[20]に示される「意思決定支援の基本原則」（①本人の意思の尊重，②本人の意思決定能力への配慮，③チームによる早期からの継続的支援）と「適切な意思決定支援のプロセス」（①意思形成支援，②意思表明支援，③意思実現支援）を確保できるように努める必要があります．

2. 独居認知症高齢者の意思決定支援に係る課題

本人の自己決定権を尊重した意思決定支援を行うには，だれが，どのような選択肢を，どのように提示するかについての配慮が必

19) 日本国憲法第 13 条「すべて国民は，個人として尊重される．生命，自由及び幸福追求に対する国民の権利については，公共の福祉に反しない限り，立法その他の国政のうえで，最大の尊重を必要とする．

20) https://www.mhlw.go.jp/file/06-Seisakujouhou-12300000-Roukenkyoku/0000212396.pdf

要です．独居認知症高齢者で，別居家族がいる場合には，本人と家族の関係に関わらず，家族の意向が優先される傾向があります．一方，別居家族がなく，身寄りがない場合には，そもそも意思決定支援にあたってその役割を果たせる人がいない場合があります．別居家族がいる場合には，本人の意思と家族の意向について整理することから始める必要があります．別居家族がなく，身寄りもない場合には，本人のことをよく知り，本人の支援に関わる人々が，本人とともに，新たに意思決定支援チームをつくることから始めなければなりません．

社会的支援の調整，すなわちコーディネーションでは，常に「認知症とともに生きる本人がケアの決定に関与できるようにすること」という基本原則に立ち返ることが重要です．

コラム１:「意思決定支援チーム」と「権利擁護支援チーム」

「認知症の人の日常生活・社会生活における意思決定支援ガイドライン」では，意思決定支援の基本原則の１つとして，早期（認知症が軽度）の段階から「意思決定支援チーム」をつくることを求めています．このチームは，身近な信頼できる家族・親族，保健・福祉・医療・地域近隣の関係者，成年後見人等が連携して，本人との対話，将来への展望，日常的な見守り，本人の意思や状況の継続的な把握や情報共有などを通して，本人の意思を尊重し，本人の意思決定能力に配慮しながら，必要な意思決定支援を行うチームとされています．

一方，第２期成年後見制度利用促進基本計画では「権利擁護支援」という考え方が示されました．それは「意思決定支援等による権利行使の支援や，虐待対応や財産上の不当取引への対応における権利侵害からの回復支援を主要な手段として，支援を必要とする人が，地域社会へ参加し，共に自立した生活を送るという目的を実現するための支援活動」であると定義されています．また，そのような考え方の下で，「権利擁護支援チーム」（権利擁護支援が必要な人を中心に，本人の状況に応じ，本人に身近な親族等や地域，保健・福祉・医療の関係者などが協力して日常的に本人を見守り，本人の意思及び選好や価値観を継続的に把握し，必要な権利擁護支援の対応を行う仕組み）や「権利擁護支援の地域連携ネットワーク」（各地域において，現に権利擁護支援を必要としている人も含めた地域に暮らすすべての人が，尊厳のある本人らしい生活を継続し，地域社会に参加できるようにするため，地域や福祉，行政などに司法を加えた多様な分野・主体が連携する仕組み）をつくることを求めています．「権利擁護支援チーム」とは，「意思決定支援チーム」を基本に，広い意味での権利擁護を個別に支援するチームであり，「権利擁護支援の地域連携ネットワーク」とは，そのような権利擁護支援へのアクセシビリティを高めるための地域づくりの活動とみなすことができるのではないかと思います．

（認知症の人の日常生活と社会生活における意思決定支援ガイドライン
https://www.mhlw.go.jp/file/06-Seisakujouhou-12300000-Roukenkyoku/0000212396.pdf）
（第２期成年後見制度利用促進計画（2022年３月25日閣議決定）
https://www.mhlw.go.jp/content/000917303.pdf）

3. コーディネーションの基本プロセス

「意思決定支援の基本原則」と「適切な意思決定支援のプロセス」を確保して，本人のニーズに合った質の高いコーディネーションを行うためには，①信頼関係の形成，②総合的アセメント，③情報共有，④課題解決に向けた多職種協働，⑤社会的支援ニーズの把握とサービスの調整，という５つのプロセスの重層的・反復的な実践が必要です．

表 2-1. 信頼という体験について

- 私の思いを語ることができる
- 私の話に耳を傾けてくれる
- 私の困り事の相談にのってくれる
- 私の不安や心配を理解してくれる
- 私の立場に立って考えてくれる
- 私がわからないことを一緒に考えてくれる
- 私の人生の歴史を理解してくれている
- 私の希望を語ることができる
- 私の希望を理解してくれている

１）信頼関係の形成

信頼関係の形成，すなわち，“信頼できるパートナーシップを築くこと”は，コーディネーションの最初の一歩です．なぜならば，「本人の視点に立った社会的支援の調整」を行うには，本人の思い，希望，心配ごと，困り事，悩み事，これまでの人生の歴史，体験してきたこと，大切にしていることを理解することから始めなければなりませんが，そのためには２人の間に信頼関係が形成されていなければなりません．しかし，信頼関係は，通常は短い時間で形成されるものではありません．日々の語り合いや，体験の共有など，“生き生きした関わり合い”[21]の積み重ねのなかで形成されるものです．そのような時間の流れの中で，コーディネーターは，“本人の視点に立って考える”“本人の立場に身をおいて考える”姿勢をもつことが可能になります．

なにをもって信頼関係が形成されているかを判断することは

---

[21] 精神分析学者である E. H. Erikson は，人生の各段階へ新たに進展していくためには”生き生きした関わり合い” (vital involvement) が不可欠であると述べている．E. H. Erikson, J. M. Erikson, H. Q. Kivnick: Vital involvement in old age. W. W. Norton & Company, N. Y (1986). 朝長正徳，朝長梨枝子訳：老年期，生き生きしたかかわりあい（第 3 版）．みすず書房，東京，pp.31-32（1992）．

簡単ではありませんが，たとえば，表 2-1 に掲げられているような本人の体験が，“信頼” を意味するものなのかもしれません．決して急ぐことなく，根気よく，“信頼関係を築く” ための時間をつくりだしていきましょう．

2）総合的アセスメント

コーディネーションを行うには，本人の声に耳を傾け，本人の思いや希望を理解するとともに，現在の生活状況全般を客観的に評価し，そのうえで「必要な社会的支援」（社会的支援ニーズ）はなにかを検討していく必要があります．そのようなプロセス全体を総合的アセスメントとよびます．

認知症とともに生きる人の現在の生活状況全般を評価するためには，認知症の一般的特性に関する知識が不可欠です．すなわち，認知症とは，何らかの脳の病的変化によって，認知機能が障害され，それによって生活に支障が現れた状態ですが，それと同時に，さまざまな身体的健康問題，精神的健康問題，社会的な生

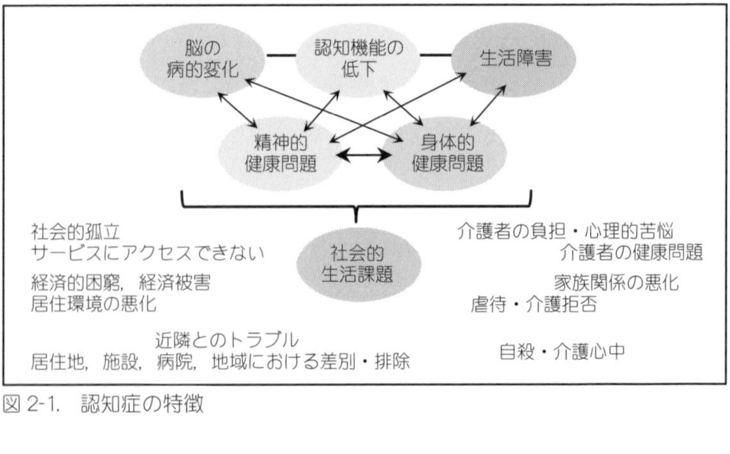

図 2-1．認知症の特徴

活課題が現れ，それら全体によって生活の継続が困難になるリスクが高まるという特徴があります（図 2-1）．したがって，現時点でどのような認知機能に障害が認められるか，生活面ではどのようなことに支障があるのか，身体的健康状態はどうか，精神的健康状態はどうか，社会的にはどのような状況におかれているのかということを，総合的に把握する必要があります．そのうえで，尊厳ある地域生活を継続していくために必要とされる社会的支援ニーズを検討する必要があります．

このような多面的なアセスメントを行うには，コーディネーターの知識・技術も重要ですが，それだけではなく，後述する多職種協働のプロセスがとても重要な意味をもっています．

3）情報の共有

当事者の視点に立って，生活の継続に必要な社会的支援のあり方を考えるためには，第１に，本人や家族と情報を共有する必要があり，第２に多職種間で情報を共有する必要があります．

認知症である当事者や家族に情報を提供するにあたっては，よく配慮された，質の高い情報を，わかりやすく，正確に伝える必要があります．たとえば，近時記憶，ワーキングメモリ，聴覚性言語理解などの認知機能に低下が認められる場合には，複雑な情報や長い話は理解しにくく，情報共有が困難になりがちです．そのような場合には，大切な情報を選択し，短い言葉で，わかりやすく伝えることが大切です．パンフレットを利用したり，メモを書いたりするなどの工夫も必要でしょう．

また，本人や家族の不安が強い場合には，安心感を与えられるような配慮も必要です．ただ単に，認知症であることを伝えたり，診断名を伝えたり，障害の性質を伝えることよりも，本人が心配していることや，希望していることに対して，役に立つ情報を提供することから始めることが大切な場合もあります.

4）課題解決に向けた多職種協働

課題解決に向けた多職種協働とは，多職種協働チームが，本人の視点に立って，本人の主体性を尊重しながら，実現性のある課

表 2-2. 地域に暮らす認知症高齢者の社会的支援ニーズ

1. 医療支援ニーズ
   1）認知症や精神的健康問題の医学的評価
   2）身体的健康問題の医学的評価
   3）継続医療の確保
2. 居住支援ニーズ
   1）現在の居住環境の整備
   2）新たな住まいの確保
3. 経済支援ニーズ
4. 生活支援ニーズ
   1）見守りに関する生活支援
   2）参加・交流に関する生活支援
   3）受療に関する生活支援
   4）服薬管理に関する生活支援
   5）金銭管理やサービスの利用手続きに関する生活支援
   6）水分・栄養確保・家事・環境調整に関する生活支援
   7）移動に関する生活支援
5. 介護保険サービスの利用支援ニーズ
6. 権利擁護支援ニーズ
   1）日常生活自立支援事業の利用支援
   2）成年後見制度の利用支援
   3）虐待への対応
   4）消費者被害への対応
7. 家族介護者の支援ニーズ
   1）家族介護者への一般的支援
   2）別居介護者への支援
   3）介護者が仕事をしている場合の支援

題解決に向けて，本人とともに歩んで行こうとするアプローチです．このようなアプローチによって，重層的な生活課題に直面し，不安を感じている人も，寄る辺なさを感じている人も，抑うつ状態にある人も，絶望感に圧倒されている人も，自己効力感や生きる意欲を回復し，その人なりの課題解決に向けて歩み出すことが可能になります．課題解決に向けた検討を行うには，多職種協働会議を開催する必要があります．その際には，

①会議の設営，
②司会進行と記録，
③支援対象者の確認，
④情報共有，
⑤課題の明確化，
⑥解決目標の設定，
⑦解決策の案出と社会的支援ニーズの明確化，
⑧支援方針の決定，
⑨支援計画の策定，
⑩支援の実施後のモニタリング，

などが行われます．

5）社会的支援ニーズの把握とサービスの調整

多職種でのディスカッションを通して，多様な課題と社会的支援ニーズが明確化され，そのニーズに応じたサービスの調整が行われます．認知症とともに地域で暮らす高齢者にしばしば認められる社会的支援ニーズを表 2-2 に示します．第３章では，地域に暮らす認知症高齢者にしばしば認められる社会的支援ニーズとその対応について解説します．

第３章

社会的支援ニーズの把握とその対応

本章で解説する社会的支援ニーズは，地域に暮らす認知症高齢者全般に関わるものですが，独居認知症高齢者等では，これらのニーズが満たされていない場合（アンメット・ニーズ）が多くなることから，そのことに言及しながら個々のニーズについて解説します．

1．医療支援ニーズ

1）認知症や精神的健康問題の医学的評価

認知症が疑われる場合には，それが「認知症の状態か否か？」「背景にある要因はなにか？」という２段階の医学的な評価が必要となります．また，抑うつ，不安，妄想，幻覚などの精神的健康問題が把握される場合には，「その背景にある要因はなにか」「認知症に関連するものか，その他の精神疾患に関連するものか」を検討する必要があります．

医学的評価や診断のためには，コーディネーターは，通常はかかりつけ医と連携して医療サービスを調整します．かかりつけ医がいない場合には，認知症サポート医や認知症疾患医療センターなどの医療機関への受診を勧奨します．いずれの場合も，支援するコーディネーターは，①認知症やその他の精神的な健康問題が疑われること，②医学的評価や診断が必要であること，③受診可能な医療機関や相談機関はどこであるか，について，本人や家族にわかりやすく説明する必要があります．また，本人が診断を受けたくないと希望される場合には，まずは，それ以外に優先される社会的支援ニーズへの対応から始めます．受診に際して家族の協力が得られにくい場合には，受診同行に関する生活支援（後述）の調整が必要な場合もあります．

2）身体的健康問題の医学的評価

認知症では，①高齢である場合が多いこと，②背景にある脳の病的変化（認知症疾患）が運動麻痺やパーキンソニズムなどの身体症状をもたらす場合があること，③服薬管理や栄養管理に支障があること，④自分自身で医療機関に受診することができない場合があること，などによって，身体的健康状態を悪化させている場合が少なくありません．そのような場合には，身体的健康問題の医学的評価が必要です．

通常は，かかりつけ医が身体的健康状態の評価を行いますが，かかりつけ医がいても，受診そのものが途絶えていたり，服薬管理に支障があったりするために，持病である高血圧症や糖尿病などの慢性疾患が悪化している場合があります．また，かかりつけ医がいない場合には，身体的健康状態を評価してもらう機会そのものが全くない場合もあります．さらに，買い物や食事の準備に支障があったり，口腔機能が低下していたり，経済的困窮などがあると，低栄養や貧血のリスクが高まります．独居であり，家族による生活支援が十分に得られない場合には，このような健康問題のリスクがさらに高まることに留意する必要があります．

身体的健康状態を医学的に評価する必要がある場合には，通常は，かかりつけ医と情報を共有したり，認知症サポート医，認知症疾患医療センター等への受診を勧奨したりして，医療サービスへのアクセスを確保します．ご本人が医療機関を受診したくないと希望される場合には，往診や訪問看護を利用して，身体的健康状態を評価する方法もあります．歯科医師による歯科訪問診療，薬剤師の訪問薬剤管理指導や栄養ケア・ステーション等からの管理栄養士の支援を受けるという選択肢もあります．受診に際して家族の協力が得られにくい場合には，後述するような受診同行の生活支援についても検討します．

３）継続医療の確保

医学的な評価によって認知症疾患や精神疾患，身体疾患が認められ，かつ継続医療が必要と判断される場合には，通常，かかりつけ医と連携して必要な継続医療を確保します．また，かかりつけ医がいない場合には，認知症サポート医や認知症疾患医療センター等と連携して，継続医療が確保されるように調整します．ご本人が医療機関を受診したくないと希望される場合には，往診や訪問看護を利用して，継続医療を確保する方法もあります．歯科医師による歯科訪問診療，薬剤師の訪問薬剤管理指導や栄養ケア・ステーション等からの管理栄養士の支援を受ける選択肢もあります．受診に際して家族の協力が得られにくい場合には，受診同行の生活支援（後述）についても検討します．

２．居住支援ニーズ

住まいは地域生活を継続するための基盤です．しかし，認知機能障害や生活障害によって，住み慣れた「住まい」を失う状況に直面することは少なくありません．生活を継続するための「住まい」を安定的に確保するための支援を「居住支援」とよびます．ここには，「現在の居住環境を整備する支援」と「新たな住まいを確保する支援」が含まれます．

1）現在の居住環境の整備

現在の居住環境（建物の構造，段差，室温，日当たり，水回り，音，調理器具，整理整頓，衛生状態など）をアセスメントし，支援が必要な場合には，助言したり，利用できる社会的支援サービスの情報を提供したりします．清潔保持の困難や，いわゆる「ゴミ屋敷」[22]などでは，それによって近隣とのトラブルが生じ，それが「住まい」の喪失につながる可能性を高めます．そのような場合には，十分な時間をかけて本人の思いを聴き，信頼関係を形成し，多職種協働チームで課題解決に向けた検討を行う必要があります．

2）新たな住まいの確保

居宅系サービスなどを利用しても在宅生活の継続が困難な状況にあるときは，本人や家族とともに，生活支援のある住まいの確保を検討します．ここには，サービス付き高齢者向け住宅，有料老人ホーム，認知症対応型共同生活介護（グループホーム），介護老人保健施設，介護老人福祉施設，介護医療院，軽費老人ホーム（ケアハウス）などがあります．

---

22) いわゆる「ゴミ屋敷」状態のことをディオゲネス症候群とよびます．ディオゲネス症候群は，ひとり暮らしであり，認知症の進展とともに基本的 ADL が低下してきているにも関わらず，必要な支援につながっていないこと（社会的孤立状態にあること）がしばしば重大な要因になることが明らかにされています． Ito K, et al.: *Int J Geriatr Psychiatry*, **37**(1): (2022 Jan). doi: 10.1002/gps.5635.

しかし，その人がおかれている状況（例：経済状況，家族や身寄りがいない，医療ニーズが高いなど）によって，利用できるサービスが限定される場合があります．特に経済状況は重要です．2020 年 10 月より，居宅で日常生活を送ることが困難であるが，社会福祉施設の入所対象にならない生活保護受給者が，必要な支援を受けながら生活を送る場として「日常生活支援住居施設（日住)」の制度が始まりました (生活保護法第 30 条)．支援内容は，利用者個別の状況に応じた健康管理支援，金銭管理支援，生活課題に関する相談支援などで，日住の職員が利用者ごとに個別支援計画を策定することとなっています（ただし，この制度は生活保護受給者が対象であり，生活保護を受給していない低年金者等は利用できないなどの課題があります）(第２章 1-1) を参照)

なお，新たな住まいを決めて，生活の場を移行する際には，第５章２で解説するような「生活の場の移行に際して配慮すべきこと」に留意する必要があります．

３．経済支援ニーズ

経済的な理由から本来必要なサービスの利用が困難な状況にある場合には，経済支援のための諸制度に関する情報を提供し，サービスの利用を調整する必要があります．本人が自分でサービス利用のための諸手続きができない場合，通常は別居家族がこれを支援しますが，支援できる別居家族がいない場合には，後述する「第３章 4-5) 金銭管理やサービスの利用手続きに関する生活支援」が必要となります．

医療サービスや介護サービスの利用費を減額する制度としては，高額療養費制度や高額介護サービス費制度があります．また，疾病や障害の状況によっては，自立支援医療制度，難病医療費助成制度，特別障害者手当，精神障害者保健福祉手帳，身体障害者手帳，障害年金などの制度を利用できる場合があります．さらに，経済的な理由から，日常生活の継続そのものが困難な場合には，生活保護制度の利用が必要です．生活保護水準に次ぐ所得（低年金）者の経済的困窮に対する支援は非常に限定されており，この問題への対策は，個別に検討していかなければならないのが現状です．

高額療養費制度の申請は加入している医療保険によって異なるため，加入している医療保険の窓口に相談します．高額介護サービス費，自立支援医療制度，難病医療費助成制度，特別障害者手当，精神障害者保健福祉手帳，身体障害者手帳，障害年金制度，生活保護は市区町村の担当窓口に申請します．

4．生活支援ニーズ

生活支援とは，広い意味では，尊厳ある自立生活を営むために必要とされる多様な支援のすべてを含みます．したがって，介護保険法の下で整備されてきた給付サービスも広い意味では生活支援に含まれます．しかし，これらのサービスは，家族や地域が果たしてきた生活支援の役割の一部を補完する形で制度化されてきたという背景があります．近年の少子高齢化の進展，人口減少，独居認知症高齢者等の増加は，現行の介護保険給付サービスではカバーされにくい「生活支援」のニーズをクローズアップさせています．そのようなことから，今日では，介護保険給付サービスではカバーされにくい日常生活の支援（通常は家族によって提供されている支援）のことを（狭義の）「生活支援」とよんでいます．ここには以下のような支援が含まれます．

１）見守りに関する生活支援

定期的に本人の自宅を訪問したり，電話をかけたりすることなどによって，本人の安否を確認したり，必要なときに対応できる体制を整えておく支援を「見守り支援」（第４章8-1），2）参照）とよんでいます．この支援は，単に見守るだけでなく，そのような支援を通して，信頼できる人と人とのつながりをつくるという意味ももっており，情緒的サポート（例：困っている時に相談にのる，具合が悪い時に相談にのる）や情報的サポート（例：生活に必要なことを教えてくれる）の基盤がつくられます．それが社会的孤立や経済被害のリスクの低減（第３章6-4）参照），災害時の備え（第７章４参照）にもつながります．

２）参加・交流に関する生活支援

地域で開催されるさまざまなイベント，サロン，認知症カフェ，食事会，趣味・娯楽・スポーツの会，健康教室，文化活動，社会活動，講演会，仕事，ボランティア活動，選挙，本人ミーティングなどへの参加や，人と人との交流を支援することを「参加・交流の支援」とよんでいます．社会福祉協議会などで実施されている外出支援サービスも「参加・交流の支援」の１つといえます．認知症では，社会生活の障害によって社会とのつながりが希薄になり，参加・交流の機会が減ってしまうリスクが高まります．参加・交流は，認知症とともに生きる本人の生き甲斐，精神的健康，生活の質に深く関連しており，その支援は生活支援の中核と考えることもできます．

３）受療に関する生活支援

病気に気がついたり，医療機関に同行したり，受診の手続きを手伝ったり，医師の説明をいっしょに聞いたり，入院の手伝いをしたりする支援を「受療支援」といいます．通常は家族が行っていますが，そのような身近な人がいない場合，これに対応できる生活支援を検討する必要があります．要介護認定を受けている場合には，介護支援専門員や事業所のスタッフがこれに対応している場合があり，未認定の場合には地域包括支援センターのスタッフが対応している場合があります．そのような支援をだれが担うかを検討する必要があります．

4）服薬管理に関する生活支援

決まった時間に，必要な薬を，必要な量だけ服用できるようにするための支援です．要介護認定を受けている場合には，医師，介護支援専門員，訪問看護師，薬剤師等の支援を得て服薬管理支援のためのプランをつくる必要があります．一般的には，別居家族による服薬管理のサポート，医師による処方の単純化（一包化，単剤化，1日1回処方など），服薬管理支援ツールの導入（服薬カレンダー，服薬トレイ，服薬管理マシン等），居宅系介護サービス利用時の服薬支援などを組み合わせた体制づくりが検討されます．地域の多様なサービス（サロン，認知症カフェ，ボランティア，民生委員，知人・友人等）を利用して服薬管理支援のためのネットワークをつくる試みもあります．最近では IT を活用した服薬管理支援なども試みられています．

5）金銭管理やサービスの利用手続きに関する生活支援

財産や年金の管理，預貯金の出し入れ，書類の内容確認，重要書類の保管，サービス利用の契約手続きなどは，通常は別居家族によって支援されていますが，そのような身近な人がいない場合には日常生活自立支援事業を利用することができます（第3章6参照）．しかし，この事業は福祉サービスの利用援助が前提であることから，原則として金銭管理支援のサービスのみを利用することはできません．また，買い物など日常生活に要する細かな金銭管理には対応できません．日常的な金銭管理の支援は，利用できるサービスがない場合には，信頼できる親族や知人に頼らざる得ない部分があります[23]．

６）水分・栄養確保・買い物・環境調整に関する生活支援

水分や栄養の確保，食事の準備，買い物，整理整頓，ゴミ出し，草取り，電球の交換，エアコン等による温熱環境の調整，壊れた物の修復など，給付サービスにはなりにくい日常生活の支援は数多くあります．要介護認定を受けている場合には，介護サービスのなかである程度カバーできるように工夫されますが，認定を受けていない場合は，介護保険制度外の配食サービス，地域のなかで展開されている食事会，住民参加型の在宅福祉サービス，民間事業者による生活支援サービス，などの利用も検討されます．

７）移動に関する生活支援

公共交通機関が少ない中山間地域や離島などでは，これまで自分で自動車を運転して移動していた人が，運転免許の返納等によって自動車運転ができなくなった場合には，移動に関する生活支援が必要になります．移動の目的は多様であり，買い物，通院，趣味で通っていたスポーツクラブ，楽しみにしていた映画館や図

---

23) 第２期成年後見制度利用促進基本計画では，成年後見制度（民法）の見直しの検討に対応して，同制度以外の権利擁護支援策（意思決定支援によって本人の金銭管理を支える方策など）の検討が進められている（例：「持続可能な権利擁護支援モデル事業」における「簡易な金銭管理等を通じ，地域生活における意思決定を支援する取り組み」→介護保険サービス事業者等の協力を得て日常的金銭管理サービスを提供するとともに，意思決定サポーターによる社会生活上意思決定支援を行おうとするもの）．

書館など，日常生活，健康，生きがいなど広い範囲に及びます．その人の状況に応じて，現実に可能な移動に関する生活支援を検討する必要があります．

5．介護保険サービスの利用支援ニーズ

介護保険サービスの利用が有用であると考えられる場合には，地域包括支援センターと連携して，要支援要介護認定の申請とサービス利用に向けた支援を行います．また，実際にサービスを利用する際には，介護支援専門員の協力を得て，本人の希望を尊重しながら，トータルな支援計画（ケアプラン）を立てることができます．本人が自分でサービス利用のための諸手続きができない場合，通常は家族がこれを支援しますが，家族がいない場合には，第３章４-5)「金銭管理やサービスの利用手続きに関する生活支援」が必要となる場合があります．

介護保険給付サービスには，サービスの利用形態によって以下のようなものがあります（第５章７「介護保険サービス」参照）．

①自宅で受けるサービス：訪問介護（身体介護・生活援助・通院等乗降介助[24]），訪問入浴介護，夜間対応型訪問介護，定期巡回・随時対応型訪問介護看護，訪問看護，訪問リハビリテーション，居宅療養管理指導

②通所により受けるサービス：通所介護（デイサービス），地域密着型通所介護，認知症対応型通所介護（認知症デイサービス），通所リハビリテーション（デイケア），小規模多機能型

---

[24] 要介護者である利用者に対して，通院等のため，訪問介護員等が，自ら運転する車両への乗車または後者の介助，乗車前または降車後の屋内外における移動等の介助，通院先や外出先での受診等の手続き，移動等の介助などを行うサービス．

居宅介護，看護小規模多機能型居宅介護（複合型サービス）
③短期入所により受けるサービス：短期入所生活介護（ショートステイ），短期入所療養介護（医療型ショートステイ）
④居住の場を確保して受けるサービス：特定施設入居者生活介護，認知症対応型共同生活介護（グループホーム），介護老人福祉施設，介護老人保健施設，介護医療院
⑤生活環境を整えるサービス：福祉用具貸与（レンタル），特定福祉用具購入，居宅介護住宅改修

６．権利擁護支援ニーズ

判断能力の低下等のために権利が侵害されやすい状況にある人の権利を護るための支援を権利擁護支援とよんでいます．独居である場合には，「判断能力の低下」と「社会的孤立」という２つの要因によって，権利侵害のリスクがさらに高まります．ここでは，判断能力が十分ではなく，財産管理や福祉サービス等の利用契約が困難なときに利用できる日常生活自立支援事業と成年後見制度，虐待が疑われる場合の対応，消費者被害への対応について要約します．

１）日常生活自立支援事業の利用支援

日常生活自立支援事業とは，認知症，知的障害，精神障害等のために判断能力が十分ではなく，自分ひとりで福祉サービスの利用契約が困難な場合に，本人との契約に基づいて，①福祉サービスの利用援助，②日常的な金銭管理，③書類等の預かりサービスや行政手続きに関する援助，などを行う事業です．事業の実施主体は都道府県・指定都市社会福祉協議会ですが，利用者の利便性を

考慮して，窓口業務は市区町村の社会福祉協議会が実施しています．

ただし，この事業を利用する際の条件である「本人が本事業の内容を理解し，契約を締結する能力があること」が，認知症高齢者の利用を難しくしている側面もあります．また，認知症高齢者の場合には，認知機能障害の進行によって上記の条件が満たされなくなった場合に，どのようにして成年後見制度等の次の支援につなげるかについての検討が必要です．さらに，この制度のなかで雇用されている生活支援員のみでは，独居認知症高齢者等の日常的金銭管理を行うにはしばしば限界があるという問題があります．この問題を克服するためには，権利擁護センター等の市区町村中核機関や生活支援員らが起点になって，意思決定支援チームの形成や生活支援ネットワークの構築を検討していく必要があります（第３章4-5）参照）．

2）成年後見制度の利用支援

成年後見制度は，認知症，知的障害，精神障害等により，判断能力が十分でない人に対して，本人の権利を護る援助者を選任し，財産管理や身上監護（身の回りの世話）に関する契約等の法律行為全般を支援する制度です（図 3-1）．

法定後見制度と任意後見制度があります．法定後見制度は，家庭裁判所によって選任された成年後見人等（成年後見人，保佐人，補助人）が，本人の利益を考えながら，本人に代わって契約などの法律行為をしたり（代理権），本人が自分で法律行為を行うときに同意を与えたり（同意権），本人が成年後見人等の同意を得ないで行った不利益な法律行為を後から取り消したり（取消権）することによって，本人を保護・支援する制度です．任意後見制度は，本人に十分な判断能力があるうちに，将来判断能力が不十分な状態になった場合に備えて，予め自ら選んだ代理人（任意後見人）に，自分の財産管理・身上監護に係る法律行為の代理権を与える契約（任意後見契約）を公証人の作成する公正証書によって締結しておく制度です（本人，後見人，公証人がそれぞれ公正証書に署名して任意後見契約が成立します）．

法定後見には，後見，保佐，補助の 3 類型があり，「判断能力を欠くのが通常の状態の場合（自己の財産を管理・処分できない，日常的に必要な買い物も自分でできない）」には後見人を立て，後見人は包括的な代理権と取消権を行使することができます．「判断能力が著しく不十分な場合（自己の財産を管理・処分するには常に援助が必要）」には保佐人を立て，保佐人は特定の事項（民法 13 条 1 項に掲げる借金，訴訟行為，相続の承認・放棄，新築・増改築等）について同意権と取消権を行使することができます．また，当事者の申し立てにより，特定の法律行為（預金の管理，財産管理，介護契約，入院契約など）について，保佐人に代理権を

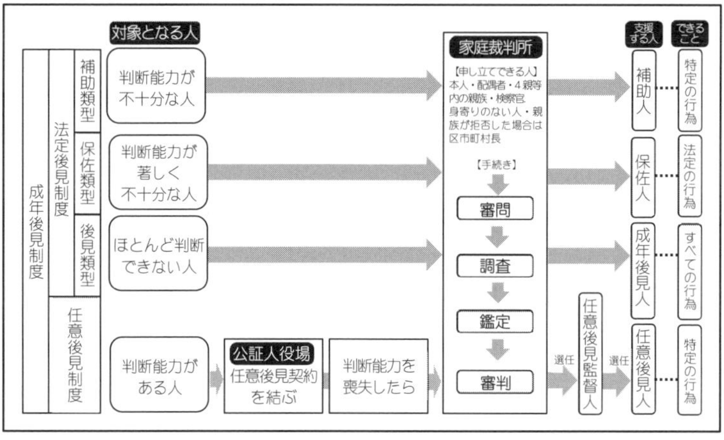

図 3-1. 成年後見制度の仕組み

与えることができます.「判断能力が不十分な場合（自己の財産を管理・処分するには援助が必要な場合がある）」には補助人を立て，補助人は当事者の申し立てにより，特定の行為の一部について同意権と取消権を行使することができます.

法定後見制度を利用する際には，本人，配偶者，4 親等内の親族，検察官，（身寄りがない場合は）市区町村長が申し立てを行い，申立書及び関係書類一式を家庭裁判所に提出します．任意後見制度では，本人の判断能力が低下したときに，本人の同意を得て，本人・家族・親族・後見人のうちのだれかが家庭裁判所に任意後見監督人選任の申立を行い，法定後見の後見開始に準じて関係書類一式を家庭裁判所に提出します.

3）虐待への対応

高齢者が身近な人から人権侵害や尊厳を奪う行いなど不当な扱いを受けることを高齢者虐待とよんでいます.「高齢者虐待の防止，高齢者の養護者に対する支援等に関する法律」（高齢者虐待防止法）では，以下の 5 つの行為を虐待と定義しています.

①身体的虐待：身体に外傷が生じるような，または生じる恐れのある暴行を加えること
②介護・世話の放棄：身体を衰弱させるような著しい減食，長時間の放置など
③心理的虐待：著しい暴言または拒絶的な対応などによって心理的外傷を与えること
④性的虐待：わいせつな行為をすること，わいせつな行為をさせること
⑤経済的虐待：本人の財産を不当に処分したり，不当に財産上の利益を得ること

実態は明らかにされていませんが，独居認知症高齢者等では，これらのなかでは経済的虐待の頻度が高いものと推測されます．高齢者虐待防止法によって，虐待を受けたと思われる高齢者を発見した場合には市区町村（地域包括支援センター等）に通報するように努めることとされており，市区町村は事実確認と本人の保護のための措置を講じることとされています．しかし，経済的虐待については，別居家族が本人のために財産管理を行っている場合もあり，虐待か否かの判断が難しい場合もあります．このような場合には，成年後見制度の利用を視野に入れて，本人・家族の権利が護られるような意思決定支援チームをつくる必要があります．

４）消費者被害への対応

振り込め詐欺（オレオレ詐欺，還付金詐欺，架空請求詐欺，融資保証金詐欺）に遭遇した場合には警察に届ける必要があります．また，悪質商法によって不本意な契約を締結した場合には消費生活センターなどに相談します．事業者による違法・悪質な勧誘行為等を防止し，消費者の利益を守ることを目的とする特定商取引法では，以下のようなルールが定められています．

①クーリング・オフ：申込みまたは契約の後に，法律で決められた書面を受け取ってから一定の期間内に無条件で解約することができる（表 3-1）．

②意思表示の取消し：事業者が不実告知や故意の不告知を行った結果，消費者が誤認し，契約の申込みまたはその承諾の意思表示をしたときには，消費者はその意思表示を取り消すことができる．

③損害賠償等の額の制限：消費者が中途解約する際等，事業者が請求できる損害賠償額に上限が設定されている．

表 3-1. 取引の類型とクーリング・オフの期間

取引の類型	内容	期間
訪問販売	消費者の自宅を訪問して商品の販売または役務の提供を行う取引.	8日間
通信販売	新聞・雑誌，インターネット等で広告し，郵便・電話などの通信手段により申込みを受ける取引.	規定なし
電話勧誘販売	電話で勧誘を行い，申込みを受ける取引.	8日間
連鎖販売取引	個人を販売員として勧誘し，更にその個人に次の販売員を勧誘させる形で，販売組織を連鎖的に拡大して行う商品・役務の取引.	20日間
特定継続的役務提供	長期・継続的や役務の提供と，これに対する高額な対価を約する取引.	8日間
業務提供誘引販売	「仕事を提供するので収入が得られる」という口実で消費者を誘引し，仕事に必要であるとして，商品等を売って金銭負担を負わせる取引.	20日間
訪問購入	消費者の自宅を訪問して，物品の購入を行う取引.	8日

詐欺や悪質商法などの経済被害のリスクを減じるためには，社会的孤立の解消が重要です．地域のなかで，信頼できるつながりをつくることや，生活支援のネットワークをつくることが肝要であり，状況によって日常生活自立支援事業や成年後見制度の利用につなげることを検討する必要がある場合もあります（コラム 2 参照）.

コラム 2：消費者安全確保地域協議会（見守りネットワーク）

平成 26 年 6 月の消費者安全法の改正により，高齢者，障がい者，認知症等により判断力が不十分になった人の消費者被害を防ぐために，各地方公共団体は，地域の関係者が連携して見守りを行う活動を行う消費者安全確保地域協議会（見守りネットワーク）を設置することができるようになりました（消費者安全法 11 条の 3）．この協議会は，地域包括支援センター，民生委員，金融機関，宅配業者，新聞販売店，コンビニ等小売店，警察などで構成される既存の福祉ネットワークに，市町村の消費者行政部局や消費生活センターが追加されたものであり，協議会の構成員の間で見守り対象者の情報を共有することによって，「消費者被害の未然防止・拡大防止」などを含む，より充実した「高齢者等の安全・安心のための見守りサービス」を提供できるようにすることをめざしたものです．たとえば，福祉の現場で発見された消費者被害を「消費生活センター」の消費生活相談等につなげることが可能となり，消費生活相談において発見された事例を必要な福祉サービスにつなげることも可能となります．さらに，このネットワークを「権利擁護支援の地域連携ネットワーク」や災害時要支援配慮者の支援ネットワークと関連づけて，ネットワークを多層化させていくことも可能です．協議会の設置自治体数は 2022 年 11 月末現在で 411 自治体に留まっていますが，今後さらに設置自治体が増えることが期待されます．

（消費者庁ホームページ；見守りネットワーク（消費者安全確保地域協議会）総合情報サイト
https://www.caa.go.jp/policies/policy/local_cooperation/system_improvement/network/）

７．家族介護者の支援ニーズ

独居の認知症高齢者の家族には，いわゆる“別居介護者”とよばれ，通いながら要介護高齢者の介護や生活支援を提供している家族がいます．別居の子どもなどがその役割を果たしている場合が多いです．一方，独居の認知症高齢者の“キーパーソン”として，介護は行わないものの，医療や介護サービスの選択や契約の際に「鍵」となる家族や親族もいます．兄弟姉妹，姪・甥などを含む血縁親族がその役割を担うことが多くなっています．

1）家族介護者への一般的な支援

同居・別居を問わず，一般的に，家族は，認知症高齢者の生活支援の大切な担い手になっています．しかし，生活支援の領域は広範であり，それらを担う家族の負担は並大抵のものではありません．家族自身も高齢であったり，病気や障害がある場合には，その負担はさらに大きくなり，精神的に苦悩したり，健康を害したり，社会的に孤立したり，経済的に困窮したり，困難状況に陥ってしまう場合も少なくありません．家族の状況をアセスメントし，家族自身も人生の主人公として生きることができるように，家族に対する社会的支援の調整を行うことは，コーディネーターの重要な役割です．

家族に対する社会的支援の基本は，①評価的サポート（ねぎらうこと），②情緒的なサポート（困り事や心配事の相談にのること），③情報的サポート（必要な情報を提供すること），④手段的サポート（実際にサービスの利用を調整したり，介護サービスを利用したり，経済支援にかかる諸制度を利用したりすること）の4本柱に整理することができます．このなかでは，特に，情緒的サポートと情報的サポートが家族支援の根幹をつくります．

情緒的・情報的サポートには，専門職による支援（個別相談，心理教育，家族教室など），家族同士の相互支援（家族会など），専門職・家族・市民を含む相互支援（ケアラーズカフェなど）などがあります．コーディネーターは，自らが情緒的・情報的サポートの提供者であると同時に，家族がこれらの社会的支援につながることができるように調整する必要があります．

2）別居介護者への支援

独居認知症高齢者の別居介護者が直面している課題は多岐にわたります．そこには，高齢者の安否や状況の確認を頻繁に行うことの難しさ，体調の悪化等の緊急時に早急な対応ができないこと，高齢者の元に通うための時間的・経済的・体力的な家族の負担，近隣住民との間でトラブルが生じたときの対応などが含まれます．また，支援体制にも課題があり，同居による介護が比較的一般的であったわが国においては，別居介護に対する理解が介護スタッフに少ないことや，別居介護に特化した支援情報の不足，高齢者と家族の居住地が異なるために家族介護者が要介護高齢者の地域において支援対象にならない，といったことがあります．しかし，別居介護支援についての研究はきわめて少なく，日本だけでなく国外の状況をみても，別居の介護者を支援するための対策が十分にとられているとはいえません．

3）介護者が仕事をしている場合の支援

別居介護者が仕事をしている場合，しばしば介護のために仕事の継続が困難となり，離職を考えることがあります．介護離職は介護者自身の将来にわたる経済状況にも重大な影響を及ぼします．仕事をしている別居介護者には，「職場と家庭の両立支援」に関する情報を早めに提供することも重要です[25)]．

[25)] 厚生労働省が作成したパンフレットを以下の URL から入手することができます．
https://www.mhlw.go.jp/stf/seisakunitsuite/bunya/0000130583.html

第4章

コーディネーションに関係するさまざまな社会資源

1．認知症疾患医療センター

認知症疾患医療センターは都道府県・指定都市を対象とする国庫補助事業である認知症疾患医療センター運営事業によって設置される専門医療サービスです．その目的は，「認知症疾患に対する鑑別診断と初期対応，認知症の行動・心理症状と身体合併症の急性期治療に関する対応，専門医療相談，診断後の相談支援等を実施するとともに，地域保健医療・介護関係者等への研修を行うことにより，地域において認知症に対して進行予防から地域生活の維持まで必要となる医療を提供できる機能体制の構築を図ること」とされています．

独居または高齢者のみ世帯の認知症高齢者に対しては，地域生活の継続に向けた診断後の支援として，以下のことを行うことが推奨されています[26)]．

(1) 生活状況のアセスメントと心理的サポート：相談員が本人や家族から生活の様子を聴取するとともに，地域の支援者からも日常の様子を聴取し，現在の生活状況や利用しているサービスを把握する．必要に応じて相談員が診察に同席して情報を把握する．その

---

26) 地方独立行政法人東京都健康長寿医療センター：令和元年度老人保健健康増進等事業「認知症疾患医療センターの質の管理及び地域連携のあり方に関する調査研究事業」報告書，266 頁．

際に，本人に不安がある場合には，対話を通して心理的なサポートを行う．火の不始末や独り歩きの際の危険がある場合など，必要に応じて危険を回避するための助言を行う．必要に応じて，継続的に本人や別居家族に電話をして，生活状況を確認する．

(2) **社会資源の情報提供と利用支援**：本人・家族の生活上の困り事を聴取したり，生活状況や意向を確認したりしながら，地域包括支援センターを案内したり，介護保険制度を説明したり，サービスを利用するための支援を実施する．必要に応じて，認知症カフェ，家族教室，地域のサロンなど介護保険制度外の社会資源についても情報提供を行う．

(3) **地域包括支援センターやケアマネジャーとの情報共有と連携**：本人・家族からの情報だけでは不十分な場合には，本人・家族の同意を得て，地域包括支援センターやケアマネジャーから情報を入手したり，見守り・安否確認・服薬管理などの体制確保に向けた支援の調整を依頼したり，介護保険サービス利用支援の調整を依頼する．

(4) **別居家族との情報提供と連携**：独居の場合には，キーパーソンになり得る家族の有無を確認し，本人の同意を得て家族に連絡し，家族と情報共有を行い，必要に応じて受診同行などの生活支援について協力を依頼する．また，相談員は，面接や電話等で別居家族と緊密な関係を保ちながら，継続的に情報共有を図ったり，服薬管理等の生活支援について相談したりする．

(5) **生活支援ネットワークの構築に向けた多職種協働**：相談員は，本人・家族のほか，地域包括支援センター・ケアマネジャー・事業所等の関係機関や地域の関係者と情報を共有したり，関係者会議を開催したりしながら，本人の生活を継続できるようにするための生活支援ネットワークの構築に向けた多職種協働を実践する．

2．かかりつけ医

独居認知症高齢者に対するかかりつけ医療では，以下の点に配慮することが望まれます[27]．

(1) 認知症の「気づき」：認知症の初期段階に見られる変化を知り，それが認められた場合には，本人の気持ちを十分に配慮して，認知症の診断と継続医療の確保が可能な体制の構築を図る．

(2) 認知症に関する相談の応需：本人・家族・周囲の人々から相談を受けた場合には，早期の支援につながれるように配慮する．

(3) 認知症疾患の診断へのアクセス：本人の同意を得て遠方に住む家族に連絡したり，地域包括支援センターと連携したりして，可能な限り認知症疾患の診断につながるように支援する．

(4) 情報共有，認知症疾患に対する継続医療：家族による通院同行が得られない場合には，必要に応じて地域包括支援センター等と連携して，「受療」や「服薬管理」に関する生活支援サービスの導入を考慮する（第３章４参照）．

(5) 日常的な健康管理，身体合併症の治療：同居家族がいる認知症高齢者よりも身体的健康状態が悪化しやすいことに留意して健康管理を行う．

(6) 健康管理に必要な生活支援の調整：地域包括支援センターと連携して，生活支援の方法を検討する．金銭管理に支障がある場合には，日常生活自立支援事業や成年後見制度等の利用も考慮する（第３章４参照）．

---

27) 粟田主一：認知症ケアにおけるかかりつけ医の役割．西村周三監修：医療白書 2016-2017版，新しい地域医療への挑戦．日本医療企画，東京，p55-p61 (2016)．／粟田主一，北川泰久，鳥羽研二ほか監修：認知症トータルケア．日本医師会雑誌，**147** 特別号(2)，日本医師会，東京 (2018)．／A Collaborative Project of the Family Medicine Community: Health is primary. Family medicine for America's health. Ann Fam Med 12 (suppl.): s1-s12 (2014).

(7) 介護保険サービスとの連携：家族による支援が得られない場合には，地域包括支援センターと連携してサービス利用に関する生活支援を確保する．必要な場合には成年後見制度等の利用を考慮する（第3章4参照）．

(8) 急性増悪期および回復期の対応：キーパーソンとなる家族がいない場合には，地域包括支援センター等と連携しながら，受療支援や退院支援を確保する．意思決定支援チームをつくり，本人の意思決定支援を前提に医療・介護・生活支援等を継続的に確保していく必要がある．

(9) 本人・家族の心理的サポート：認知症とともにひとりで生きる高齢者の不安や孤独感を理解する必要がある（第1章7参照）．はじめはサービスの利用に抵抗がある場合でも，周囲の温かい声がけをむしろ受け入れ，サービス利用につながる場合が多い．

(10) 在宅医療，終末期医療：①退院支援，②多職種協働による患者・家族の生活支援という観点からの医療の提供，緩和ケア，家族支援，③病状急変時の緊急往診と入院病床の確保，④自宅や介護施設などでの看取りにおいて，かかりつけ医は中心的な役割を果たす．多職種協働による意思決定支援チームの形成が重要である．

3．認知症サポート医

認知症サポート医とは，かかりつけ医の認知症対応力の向上と地域連携の推進役を担うことができる医師を養成することを目的とする「認知症サポート医養成研修」を受講した医師のことといいます．

具体的には，①かかりつけ医の認知症対応力向上研修の企画立案・講師，②かかりつけ医の認知症診断等に関する相談役・アドバイザー，③地域医師会や地域包括支援センターとの連携づくりへの協力，④認知症医療に係る正しい知識の普及の推進等の役割を担うことが期待されています．

しかし，今日では，そのような役割以上に，後述する認知症初期集中支援チームの一員として，多職種と協働して，認知症高齢者に必要な社会的支援の調整を行うことができるコーディネート医としての役割が期待されています．また，市区町村によっては，そのような役割とともに，後述する地域づくり（第７章１参照）に参加するなど，認知症とともに安全・安心な暮らしを送れる環境づくりのための活動も期待されています．

４．地域包括支援センター

地域包括支援センターとは，40 歳以上の地域住民の「保健医療の向上及び福祉の増進」「相談業務」「介護予防ケアマネジメント」「人権擁護・虐待防止」などを総合的に行うことを目的に設置された機関です．日常生活圏域（おおむね中学校区）に１か所設置されており，今日では地域包括ケアシステムを実現するための実践的な調整機関としての役割を担っています．

地域包括支援センターは，独居認知症高齢者が生活課題に直面した際に，最も高い頻度でアクセスされる地域の最前線の相談機関であると考えられます．実際，日常診療においても，独居認知症高齢者の社会的支援ニーズの把握や調整を行うために連携する機関は，地域包括支援センターであり，認知症サポート医や認知症疾患医療センターがその機能を発揮するためにも地域包括支援センターとの連携が不可欠になっています．後述する認知症初期集中支援チームも，その６割は地域包括支援センターに設置されています．地域のなかで，社会的支援サービスの調整（コーディネーション）を総合的に行う実践機関としての役割を果たしています．

5．認知症初期集中支援チーム

認知症初期集中支援チームとは，認知症になっても本人の意思が尊重され，可能な限り住み慣れた地域のよい環境で暮らし続けることができるように，本人が暮らす地域のなかで認知症の初期支援を包括的・集中的に行う多職種協働チームをいいます．2015 年に地域支援事業として制度化され，現在では全国の市区町村において事業化されています．全国調査[28]によれば，支援対象者の 6 割以上が 80 歳以上高齢者であり，約 4 割が独居世帯であることが明らかにされています．近年では，社会的孤立傾向の強い独居の認知症高齢者を対象に，信頼関係を形成し，医療・介護サービスや服薬管理支援などの生活支援サービスの利用を調整することによって，地域生活の継続に成功した事例の報告もなされてきています[29]．

しかし，家族のいない人，支援を拒否する人，認知症以外の精神障害がある人などへの対応についての課題も指摘されています[30]．独居認知症高齢者支援には「個別支援の技術」と「組織とし

---

28) 国立長寿医療研究センター：認知症初期集中支援チームの設置後の効果に関する研究事業（研究代表者：鷲見幸彦）．平成 30 年度老人保健事業推進費等補助金（老人保健健康増進等事業分）報告書． https://www.ncgg.go.jp/ncgg-kenkyu/documents/H30rouken-5houkoku.pdf

29) 福田智子：認知症初期集中支援チームの取り組み．独居高齢者の自宅生活を多職種で支えた 1 事例．砂川市立病院医学雑誌，**33**(1):79-85 (2020).／黒沢一美，山口智晴，高玉真光，山口晴保，前橋市認知症初期集中支援チーム：もの盗られ妄想のある症例と家族の橋渡し；前橋市認知症初期集中支援チームの連携．群馬医学，**112**：77-82 (2020).／小山晶子，山口智晴，高玉真光，山口晴保，前橋市認知症初期集中支援チーム：認知症初期集中支援チームによる認知症を有する独居高齢者への服薬管理支援．群馬医学，**108**: 51-53 (2018).／小林直人：認知症初期集中支援チームにおける医師としての役割．老年精神医学雑誌，**26**(10):1099-1105 (2015).

30) 中西亜紀：認知症疾患医療センターと認知症初期集中支援チームの連携と行政の役割．老年精神医学雑誌，**26**(10):1106-1113 (2015).／澤 滋：認知症の人たちの社会的孤立．精神科治療学，**35**(4):373-378 (2020).

て対応する技術」が必要であると指摘されています[31]．認知症初期集中支援チームの本来業務は，多職種で必要な社会的支援を統合的に調整すること（コーディネーション）にありますが，独居認知症高齢者の支援にあたっては，それと同時に，社会的支援の利用・提供を可能とする地域社会の構造をつくること（ネットワーキング），すなわち地域づくりを視野に入れることが重要であると指摘されています[32]（第７章を参照）．

６．介護支援専門員

独居の認知症高齢者は，介護支援専門員がケアマネジメントに困難を感じる事例の代表とされています[33]．しかし，独居の認知症高齢者のケアマネジメントのあり方に関する研究はきわめて少なく，今後の大きな課題となっています．これまでの調査研究[34]や事例報告[35]からは以下のことが推奨されています．

---

31) 平林瑠美，尾崎章子，西崎未和，苛原志保，大橋由基：認知症が疑われる独居高齢者に対する地域包括支援センター看護職のアウトリーチ・スキル；初期段階におけるかかわりを中心に.日本在宅看護学会誌，**10**(1):2-10 (2021).

32) 粟田主一：認知症初期集中支援チームと地域包括支援センター；コーディネーションとネットワーキングという観点から．日本老年医学会誌，**57**(1):22-27 (2020).

33) 斎藤智子，佐藤由美：介護支援専門医のケアマネジメントにおける対応困難の実態．千葉看会誌, **12**(2):8-14 (2006).／吉江悟，斎藤民，高橋都，甲斐一郎：介護支援専門員がケースへの対応に関して抱く困難感とその関連要因．日本公衆衛生学雑誌, **53**(1): 29-39 (2006).

34) 斎藤智子，佐藤由美：介護支援専門医のケアマネジメントにおける対応困難の実態．千葉看会誌，**12**(2):8-14 (2006).／吉江悟，斎藤民，高橋都，甲斐一郎：介護支援専門員がケースへの対応に関して抱く困難感とその関連要因．日本公衆衛生学雑誌, **53**(1): 29-39 (2006).／羽田三紀子：認知症をもつ人の独居生活継続のための支援に影響する要因について．認知症ケア事例ジャーナル，**4**(2):141-148 (2011).／久保田真美，堀口和子：介護支援専門員がとらえた認知症高齢者の独居生活の限界．日本在宅ケア学会誌, **21**:67-75 (2017).

35) 木下ゆかり：早期に認知症の兆しを発見し対応したことで，独居生活が維持できている事例．認知症ケア事例ジャーナル, **2**(2):115-120 (2009).／金谷親好，金丸真由美，池田耕二，久松憲明：単身世帯の認知症高齢者 1 症例の地域生活の再建を可能にした訪問リハビリテーションの実践．訪問リハビリテーション, **10**(3): 243-249 (2020).／山根樹美，渡辺淳子：独居高齢者の在宅生活を多職種で支えるチーム活動；介護支援専門員の役割と業務．看護実践の科学，**41**:39-45 (2016).／翠川郁代，東條美恵，滝澤春香：要介護独居高齢者が在宅生活を継続できる要因を困難事例に活用した一事例の報告．老年看護, **43**:98-101 (2013).／真柄明子：頭部外傷を負った独居の認知症高齢者への支援；行政，近隣を巻き込んだケアマネジメントを通して．社会福祉士, **15**:157-165 (2008).

①本人の視点に立って，なじみのある環境のなかで，生きがいや趣味などを大切にした生活を継続できるようにする.
②初期から訪問看護や訪問リハなどの利用を考慮し健康状態や機能状態の悪化を予防する.
③金銭管理・服薬管理・家事などの個々の日常生活行為が可能な限り自立的に行えるような生活支援を検討する.
④介護保険制度の枠組みを超えて，多様な社会資源や住民組織等を含む地域全体のネットワークを構築する.
⑤医療・介護・生活支援サービス等の関係者が連携する.
⑥地域の人々と認知症である人が交流できる場をつくり，「認知症とともに生きること」を共に考える機会をつくる.
⑦特定の職種や個人に負担が集中しないようにする.
⑧本人の生命が確保できるかという視点が独居生活の限界を見極めるうえで重要である.
⑨必要に応じて成年後見制度等の権利擁護のための制度の利用を考慮する.

7．介護保険サービス

要介護高齢者が可能な限り自立した地域生活を継続できるようにすることを目的とする介護保険サービスには，居宅介護サービスと地域密着型サービスがあります.

これらのサービスは，独居認知症高齢者等の地域生活の継続にも寄与することが期待されますが，その有用性を示す研究は現在のところ事例報告に限られています.

以下のことが指摘されています.

① 訪問看護は，拒否傾向のある独居認知症高齢者との信頼関

係の構築，健康状態の管理に有用である[36)].

②訪問リハビリテーション[37)]や通所リハビリテーション[38)]は，生活リズムの改善，意欲や活動性の回復，身体機能の改善，BPSD の軽減，生活環境の整備に有用である.

③管理栄養士の訪問による居宅療養管理指導（医療保険における訪問栄養食事指導に相当）は，低栄養の改善とそれによる慢性疾患の改善に有用である[39)].

④薬剤師の訪問による居宅療養管理指導（医療保険における訪問薬剤管理指導に相当）は，服薬環境整備と服薬支援計画などによる服薬管理支援に有用である[40)].

⑤歯科医師の訪問による居宅療養管理指導（医療保険における

---

36) 木下真由美，坂本正美，高森真弓，町田久子，田中美春，若木千恵：高齢糖尿病療養者の在宅療養を支援する；GPL-1 製剤注射をきっかけに，訪問看護師が介入する. 公立能登総合病院医療雑誌，**30**:27-29 (2020).／西田順子，上野三保，池田順子，石坂美恵子，平川静美：単身生活が困難になった認知症高齢者へのかかわりを通して. 日本精神科看護学術集会誌，**58**(1): 390-391 (2015).／小西倫世，上山雅子：【今日の外来看護を考える-その専門性と実際】外来看護における糖尿病合併症指導と多職種連携が奏効した 1 例. 看護実践の科学 **43**(12):20-25 (2018).／本間昭：介護保険制度の基本的な考え方と介護サービス. 精神科治療学 **33**(10):1205-1210 (2018).

37) 金谷親好，金丸真由美，池田耕二，久松憲明：単身世帯の認知症高齢者 1 症例の地域生活の再建を可能にした訪問リハビリテーションの実践. 訪問リハビリテーション，**10**(3): 243-249(2020).／西田征治，高木雅之，近藤敏，上城憲司，坂本千晶：興味ある活動との結びつきを促す訪問作業療法により娘とともに元気を取り戻した認知症の女性例. 認知症ケア事例ジャーナル，**7**(1)：5-15 (2014).／谷川良博：生活行為向上マネジメントの展開；多分野からの MTDLP 実践報告ー単身生活の継続を支援する生活行為向上マネジメント；ゴミ屋敷で生活する女性を地域で支える過程. 日本作業療法士協会誌，**45:**16-18 (2015).

38) 和泉知華：(第 1 章)外来治療・ケア及び施設ケア；臨床研究・報告　通所リハビリテーション認知症『もう死んだほうがええ』失った意欲を取り戻すために. 正光会医療研究会誌，**15**(1):22-24 (2018).

39) 三浦栄子：回復期リハビリテーション病棟において退院時の栄養改善状態の結果から；在宅訪問栄養食事指導の取り組みをした症例報告「在宅リハビリテーション栄養」. 健生病院医報，**41**:41-42 (2018).／田村里織，下村賀代子，植地綾子，横山美希子，宮地千尋：糖尿病腎症 4 期の独居・認知症・超高齢者に最後まで食の楽しみを保持した訪問栄養指導の一症例. 日本病態栄養学会誌，**21**(4):521-529 (2018).

40) 川名三知代，初田稔，廣原正宜，串田一樹：独居かつ認知機能が低下した高齢者に対する服薬支援の在り方. 癌と化学療法，**42**(Suppl.I):33-35 (2015).

歯科疾患在宅療養管理指導に相当），歯科衛生士による居宅療養管理指導（医療保険における訪問歯科衛生指導に相当）は，口腔機能・口腔衛生を維持し，それによる口腔疾患の改善・摂食嚥下機能の維持に有用である．

⑥定期巡回・随時対応型訪問介護看護は，病院からの退院支援，随時の対応，看取り支援に有用である[41]．

⑦小規模多機能型居宅介護は，多様な生活支援ニーズをもつ独居認知症高齢者への柔軟な対応に役立つ[42]．

8．その他の社会資源

1）高齢者の見守りサービス

孤立傾向のある高齢者の安心・安全を目的とするサービスであり，緊急通報（急病やけがなどの緊急時に，ボタンを押して通報し，助けを求めるサービス），緊急連絡先登録（意識不明や道に迷い身元不明で保護されたときなど，家族の連絡先等がわかるように個人情報を登録しておくサービス），人的見守り（電話や訪問で定期的に安否状況を確認するサービス），センサー見守り（赤外線センサーなどの機器によって，常時安否状況を確認するサービス）などがあります．最近ではスマートフォンやビデオカメラを用いたオンラインの見守りサービスもあります．サービスの提供主体

---

[41] 森重勝：独居となった認知症高齢者への定期巡回・随時対応型訪問介護看護事業所における支援；病院からの在宅移行と看取りの支援を中心に．認知症ケア事例ジャーナル，**9**(3):272-279 (2016).／森重勝：認知症高齢者の在宅生活を支える定期巡回サービス事業所の取り組み．認知症ケア事例ジャーナル, **13**(4):295-298 (2021).

[42] 松浦弘典，國光登志子：独居認知症高齢者の在宅生活の継続に向けた取り組み；地域包括ケアにおける小規模多機能型居宅介護事業所 A ホームの役割. 認知症ケア事例ジャーナル，**7**(2):133-143 (2014).／清水新，西沢美香，上原和美，塚田富枝，深宮真，山田和彦：在宅生活が困難な患者に対し，積極的介入を試みた症例．長野県透析研究会誌, **37**(1)：46-49 (2014).

は自治体，企業，NPOなどさまざまです．

2）地域助け合いネットワーク

地域住民の互助による高齢者の見守りネットワークです．人的な高齢者見守りサービスに該当しますが，登録者台帳を作成して災害時の安否確認に活用したり，自力で避難できない人を地域の互助によって救援したりするなど，災害時に備える地域ネットワークという意味合いをもっています．自治体やNPOなどが実施主体になっています（第7章3参照）．

3）SOSネットワーク

高齢者が行方不明になったときに，警察だけではなく，地域の関連団体等が協力して行方不明者を速やかに発見・保護するための仕組みです．全国各地の自治体や，警察，支援団体が連携して構築しているネットワークであり，タクシー会社，郵便局，ガソリンスタンド，コンビニ，銀行，宅配業者，コミュニティFM放送局，町内会，老人クラブ，介護サービス事業者などが参加して捜索に協力します（第1章13参照）．

4）GPS探索サービス

認知症の症状によって行方不明になるおそれのある高齢者等を介護している人を支援するために，GPS通信網を利用した位置情報探索サービスの利用を支援するサービスです．対象者が専用端末をもつことにより，行方不明が生じた際に介護者へ現在位置を探索することができ，協定事業者のコールセンターが24時間体制で受付・対応するなどして，速やかな発見・保護が可能となります．福祉サービスとして提供している自治体もあります（第1章13参照）．

5）配食サービス

食事の調理が困難な高齢者に対し，栄養のバランスの取れた食事を居宅に訪問して提供することにより，高齢者の栄養管理や健康維持を支援するサービスです．自治体の福祉サービスとして，配食業者と連携してサービスが提供されています（第３章4-6）参照）.

6）火災安全器具や火災安全システムの給付

認知機能低下などのために防火等の配慮が必要な高齢者に対して，自動消火装置（室内の煙を感知して警報ブザーと消化液発泡を同時に行う装置等），火災安全システム機器（自動的に消防署に通報される火災報知器等），電磁調理器（ガスを使わないコンロ型調理器等）など火災安全器具を貸与また給付するサービスです．福祉サービスとして提供している自治体もあります（第３章4-6）参照）.

第５章

在宅生活中断の要因とその対策

1．在宅生活中断の要因とその対策

「独居」でありかつ「認知症」であることは，それ自体が在宅生活中断の重要なリスク因子になっていますが（第１章５参照），これに加えて認知機能障害などの機能障害によって生じる，

①社会関係の困難，
②生命安全確保の困難，
③健康管理の困難，
④日常生活の困難，
⑤お金に関する困難，
⑥インフォーマル・ケアの困難，
⑦本人の支援受入の困難，
⑧尊厳の維持の困難，

が，在宅生活の中断に関連することが示唆されています．

独居認知症高齢者の在宅生活継続を促進するには，これらの困難を克服していく対策が必要ですが，現在のところ，それによって独居認知症高齢者の在宅生活継続が促進されたとする十分なエビデンスはありません．しかし，これまでに報告されている実践報告を踏まえると，在宅生活中断因子（健康状態の悪化，社会的孤立など）の低減と在宅生活継続因子（健康状態の保持，適切

な在宅サービスの利用など）の促進にフォーカスをあてた地域システムを構築することや，認知症とともにひとりで暮らす高齢者の思いを理解し，認知症とともに良き人生を送ることを目標とする心理社会的サポートを行うことが，尊厳ある地域生活の継続に寄与するものと思われます[43]．

2．生活の場の移行に際して配慮すべきこと

それでも，ある段階で在宅の継続は難しいと判断され，生活の場を施設へ移行される人は少なくありません．しかし，独居認知症高齢者に特化して「生活の場の移行」「ケアの場の移行」に際して配慮すべきことを検討した研究は，国内外を通じて見当たりません．ここでは，英国国立医療技術評価機構（NICE）のガイドライン「認知症：認知症とともに生きる人々とケアラーのための評価，管理，支援」[44]に記されている「ケアの場の移行」に関する推奨事項を紹介しておきます．

①認知症とともに生きる人々は，自分自身のケアの場を選択する権利を有する個人であると認識すること．

②配慮のないケアの場の移行が，認知症とともに生きる本人の身体的・精神的な健康状態，QOL，ウェルビーイング，本人の尊厳の保持に重大な影響を及ぼす場合があることを認識

---

[43] 久保田真美，堀口和子：介護支援専門員がとらえた認知症高齢者の独居生活の限界；独居生活開始から施設入所までの過程より．日本在宅ケア学会誌, **21**(1):67-75 (2017).／久保田真美，堀口和子：認知症高齢者の独居生活の継続が困難になる要因；介護支援専門員・訪問看護師・訪問介護員へのインタビューより．日本認知症ケア学会誌, **18**(3): 688-696 (2019).／大山彩乃，諏訪さゆり：独居の認知症高齢者の在宅生活継続に影響する本人の要因．千葉看護学会会誌, **25**(1):37-46 (2019).／神波幸子，ほか：過疎農村地域に暮らす独居の認知症高齢者のケアについて；福井県 I 町の訪問調査から．医療福祉研究, **6**:37-68 (2010).

[44] 粟田主一：Dementia: assessment, management and support for people living with dementia and their carers (NICE guideline, NG97)．精神医学, **62**: 683-688 (2020).

すること.

③ケアの場の移行については，本人・家族・介護者・関係する保健福祉スタッフで十分な話し合いの場をもつこと.

④判断力の低下が認められる場合には適切な意思決定支援を行うこと（第２章１参照）.

⑤ケアの場の移行に際しては，現在ある疾病や障害の内容，治療や処方薬の内容などを含む包括的な情報共有を行うこと.

⑥ケアの場の移行後には，本人のニーズや希望を見直すこと.

第 6 章

エンド・オブ・ライフケア

エンド・オブ・ライフケアとは，病気や年齢に関わらず，人生の最終段階において，その人が最善の“生”を生きることができるように支援することを意味しています．

独居認知症高齢者のエンド・オブ・ライフケアの実態や支援策に関する研究は，国内外を通じてきわめて限られています．数少ないこれまでの研究からは，低栄養，体重減少，セルフネグレクトによる怪我などのリスクが高いことが示唆されています[45)]．認知症高齢者がどのステージまで独居で生活できるかは明らかではありませんが，多くの高齢者が，認知症になっても自宅で生活することを望んでいると報告されています．このことは，人生の最終段階を住み慣れた自宅で迎えたいという希望と連なっているのかもしれません．

住み慣れた自宅でのエンド・オブ・ライフケアを実現するためには，人生の最終段階においても，独居認知症高齢者のニーズの多様性に対応できるよう，本人の意思決定支援（第 2 章 1，2 参照）の下で，①本人が最期までをどこで過ごしたいかを確認し，

---

45) Lepper S, et al.：Preferences of cognitively impaired patients and patients Living with dementia: a systematic review of quantitative patient preference studies. *J Alzheimers Dis*, **77**(2):885-901 (2020) . ／Soto M, et al.：Living alone with Alzheimer's disease and the risk of adverse outcomes: results from the plan de Soin et d'Aide dans la maladie d'Alzheimer Study. *J Am Geriatr Soc*, **63**(4):651-8 (2015 Apr).

尊重すること[46)]，②多職種連携を行うこと[47)]，③本人の状態に合わせたサービス利用を実現すること[48)]，④地域住民による見守りなど，地域住民の理解と協力が得られるようにすることが肝要です[49)].

---

46) 孔英珠：在宅ホスピスケアにおけるボランティア活動の諸相; インタビュー調査のデータ分析から．西日本社会学会年報，**16**: 95-110 (2018).／原昌彦：最期について一緒に考える支援．ホスピスケアと在宅ケア，**27**(2): 180 (2019).／黒澤理穂：腎不全; 終末期 A 氏の在宅生活を支えた医療と介護のチーム連携．北海道勤労者医療協会看護雑誌 看護と介護，**43**: 18-20 (2017).／森重勝：独居となった認知症高齢者への定期巡回・随時対応型訪問介護看護事業所における支援; 病院からの在宅移行と看取りの支援を中心に．認知症ケア事例ジャーナル，**9**(3):272-279 (2016).

47) 黒澤理穂：腎不全；終末期 A 氏の在宅生活を支えた医療と介護のチーム連携．北海道勤労者医療協会看護雑誌 看護と介護，**43**:18-20 (2017).／小野原智香子，ほか：独居の末期がん患者への在宅支援；事例を通して学んだこと．福岡赤十字看護研究会集録，**28:**56-59 (2014).／中村徹，ほか：疾患別・臨床事例の全診療行為；カルテ・レセプトの原風景．保険診療，**66**(4):100-103 (2011).

48) 孔英珠：在宅ホスピスケアにおけるボランティア活動の諸相; インタビュー調査のデータ分析から．西日本社会学会年報，**16**: 95-110 (2018).／原昌彦：最期について一緒に考える支援．ホスピスケアと在宅ケア，**27**(2):180 (2019).／高橋眞生：地域と歩む訪問薬剤師; 認知症の独居女性を在宅で看取った．医療と介護，**4**(6):526-527 (2018).／倉持雅代：在宅がん看護のあり方と魅力; 事例から読み解く．在宅がん看護のレシピ集 (第 1 回)　認知症のがん，独居でも家で死ねます．在宅新療，**1**: 61-65 (2017).／北澤彰浩：ささやかな希望をかなえたい; 最期まで寄り添ったヘルパーさんたち．ふれあいケア，**16**(2):26-27 (2010).

49) 孔英珠：在宅ホスピスケアにおけるボランティア活動の諸相；インタビュー調査のデータ分析から．西日本社会学会年報，**16**: 95-110 (2018).／中村徹，ほか：疾患別・臨床事例の全診療行為；カルテ・レセプトの原風景．保険診療，**66**(4):100-103 (2011).

第７章

社会的支援のアクセシビリティを高める地域づくり

―ネットワーキング―

序章で述べたように，独居認知症高齢者等が安全・安心な暮らしを送れる環境をつくりだすためには，コーディネーションの仕組みを確保するとともに，たとえ認知症であったとしても，ひとり暮らしであったとしても，必要な社会的支援につながりやすい地域社会の構造をつくりだす必要があります．そのような地域社会の構造をつくりだす活動は社会的支援のネットワークをつくることを意味していますので，ここでは「ネットワーキング」と呼称しておきます．

しかし，この領域の研究はまだ緒に就いたばかりであり，独居認知症高齢者等の尊厳ある地域生活の継続に有効であることを科学的に検証した研究はいまのところ皆無に等しいことを付言しておかなければなりません．そのようななかで，2019～2021年度に実施された厚生労働科学研究では，「生活支援のネットワークをつくる地域拠点」が，独居認知症高齢者等の地域生活の継続において重要な役割を果たし得ることを，事例報告などを通して可視化させつつあります．また，こうした取り組みとともに，独居認知症高齢者の自立生活支援を視野に入れた金融ジェロントロジー，IT技術の活用，防災対策などについても検討がなされるようになってきています．ここでは，これらのテーマに関する今日の状況を簡潔に解説いたします．

1．生活支援のネットワークをつくる地域拠点

独居認知症高齢者等が安全・安心な暮らしを送れる環境をつくるにあたって，生活支援のある地域づくりを進めることは不可欠の課題です．このような地域づくりは，「必要な社会的支援の利用・提供を可能とする地域環境をつくること」「社会的支援のアクセシビリティを高める地域づくり」(ネットワーキング) にほかなりません．このような活動は，今日では，多様な組織・機関・地域の人々によって，「居場所」「通いの場」「認知症カフェ」「暮らしの保健室」「地域リビング」など多様な名称でよばれる「地域の拠点」を基盤にして展開されています．これまでの実践報告から，このような「地域の拠点」には，表 7-1 に示すような機能が備わっていることが示されてきています[50)]．また，このような特徴をもった地域の拠点は，さまざまな生活支援を提供するとともに，生活支援のネットワークをつくりだす機能をもつことも明らかにされてきております[51,52)]．ここではいくつかの例を紹介します．

1）高島平ココからステーション

高島平ココからステーションは，大都市の大規模住宅地内に設置された地域の拠点です．ここには，①居場所としての機能（認知症の有無に関わらず，障害の有無に関わらず，だれもが居心地よく自由に過ごすことができる)，②相談に応需できる機能 (認知症サポート医や定年退職した専門職などの協力も得て，多様な生

---

50) 粟田主一：独居認知症高齢者等が安全・安心な暮らしを送れる社会環境の創出に向けて．老年精神医学雑誌, **33**(3):211-217 (2022).

51) 秋山正子：大都市の独居認知症高齢者の暮らしを支える；団地のなかの「暮らしの保健室」からみえること．老年精神医学雑誌, **31**(5):487-498 (2020).

52) 岡村毅：認知症とともに一人で暮らす高齢者の生活を支える地域拠点．老年精神医学雑誌, **33**(3): 263-269 (2022).

表 7-1. 生活支援のネットワークをつくる地域拠点の特徴

①くつろいで安心して過ごせる「居場所」を提供することができる
②健康のことや日々の困りごとの相談に応需できる
③認知症になる前から健康の変化や生活の変化に気づくことができる
④健康情報を含め，生活に必要なさまざまな情報を提供することができる
⑤社会への参加や人々の交流を促進することができる
⑥地域に暮らす人々の偏見や差別の解消に寄与している
⑦地域の社会資源との連携を促進する場として機能している

注）サービス提供者側の視点で記載しています．

活課題をもって暮らす人が気軽に相談することができる)，③差別・偏見を解消し，社会参加を促進する機能（認知症の有無に関わらず，障害の有無に関わらず，共に学び，共に活動し，共に楽しむことができる)，④連携を推進する機能（生活支援に関わる多様な組織が情報を共有し，連携して活動できる)，⑤生活支援の担い手を育成する機能（生活支援に関わる多様な人々が研修会などを通して，認知症と人権についての意識を高めることができる）といった５つの機能があり，それによって認知症高齢者を含む多様な人々に利用され，多様な相談に応じ，多様な人々の社会参加を促進し，多様な組織・機関との連携と人材育成に寄与していることが明らかにされています[53]．また，フォーマルなサービス利用以前の相談に応じることができること[54]，社会的に孤立している独居高齢者の意思決定支援とエンド・オブ・ライフケアが実践できること[55]，認知症高齢者の口腔ケアへのアクセシビリティが

53) 杉山美香，岡村毅，小川まどか，ほか：大都市の大規模集合住宅地に認知症支援のための地域拠点をつくり；Dementia Friendly Communities 創出に向けての高島平ココからステーションの取り組み．日本認知症ケア学会誌, **18**(4): 847-853 (2020).

54) 岡村毅，杉山美香，小川まどか，ほか：地域在住高齢者の医療の手前のニーズ；地域に拠点をつくり医療相談をしてわかったこと．日本認知症ケア学会誌, **19**(3): 565-572 (2020).

55) 岡村毅，杉山美香，枝広あや子，ほか：尊厳を守るには；大規模団地で孤立する高齢者の意思決定支援を振り返る．日老医誌, **57**: 467-474 (2020).

確保されること[56)]，認知症当事者の会（本人ミーティング）を定例的に開催することによって認知症当事者をエンパワーし，地域拠点に集う人々の差別・偏見の解消を促進すること[57)]が示されています．さらに，新型コロナウイルス感染症流行下にあっては，電話・訪問による調査によって，認知機能低下高齢者の社会的孤立リスク，健康リスク，本人や家族の不安が確認され[58,59)]，地域に暮らす認知機能低下高齢者の社会的孤立の解消，感染対策に関する情報提供，不安軽減を目的とする電話，訪問，パンフレットなどを活用した新たな生活支援の開発を可能にしていること[60)]なども明らかにされています．このような「地域の拠点」をつくるガイドブックは東京都福祉保健局のホームページから入手することができます[61)]．

2）暮らしの保健室

「暮らしの保健室」とは，訪問看護活動を展開していた秋山正子氏が中心になって，2011 年に高齢化が進む新宿区都営戸山ハイツの一画にマギーセンターを参考に開設された相談室です．誰でも予約なしに無料で健康や介護や暮らしの中での困り事の相

---

56) 枝広あや子，岡村毅，杉山美香，ほか：認知症などの困難を抱えた高齢者に対する地域における歯科口腔保健相談の意義と方法論；権利ベースのアプローチという観点から．日本認知症ケア学会誌, **20**(3):435-445 (2021).

57) 宮前史子：居場所と仲間はどんな効果をもたらしたか？；東京都内団地での取り組み例．認知症ケア事例ジャーナル, **13**(2):107-112 (2020).

58) Ura C, Okamura T, Sugiyama M, et al.: Call for telephone outreach to older people with cognitive impairment during the COVID-19 pandemic. *Geriatr Gerontol Int*, **20**(12):1245-1248 (2020).

59) Okamura T, Ura C, Sugiyama M, et al.: Defending community living for frail older people during the COVID-19 pandemic. Psychogeriatrics, **20**(6):944-945 (2020).

60) 杉山美香：認知症支援のために地域の居場所ができること；COVID-19 影響下の高島平ココからステーションの取り組み．認知症ケア事例ジャーナル, **13**(3): 220-230 (2020).

61) 地方独立行政法人東京都健康長寿医療センター：認知症とともに暮らせる社会に向けて．地域づくりの手引き（2020 年度改訂版），東京都（2021）.
https://www.fukushihoken.metro.tokyo.lg.jp/zaishien/ninchishou_navi/torikumi/jigyou/caremodel/index.html

談ができる敷居の低いワンストップ窓口であると同時に，サロンのようにくつろぐことができる居場所であり，体操，ヨガ，ランチ会，ミニレクチュアなどのコミュニティ活動も実施されています．現在では，6 つの機能（①相談窓口，②市民との学びの場，③安心な居場所，④交流の場，⑤連携の場，⑥育成の場）をもつ地域の拠点として，全国的な広がりをみせています[62, 63]．令和元年度厚生労働科学研究では，同事業所を利用する独居認知症高齢者 5 事例の分析から，「暮らしの保健室」は，①暮らしのなかで認知症になる前からのお付き合いができる居場所であり，②日常のなかでのさまざまな変化に気づき，③日々のちょっとした困り事についていっしょに考え，家族や関係機関と 1 歩踏み込んだ調整を行い，④健康不安が強いときに支えになりながら，医療も含めた暮らし全般の支えの「組み立て」「予測してつなげる・つながる」ことを可能にする場所であることを明らかにしています[64]．また，令和 2 年度厚生労働科学研究では，昭島市と福山市の「暮らしの保健室」の 4 事例の分析から，先に述べた 4 つの機能が発揮されていることを再確認しています[65]．以上の結果から，それぞれの地域の特性を捉えて，それに見合った暮らしの保健室のような「地域の拠点」を作っていく必要があると結論しています．「暮らしの保健室」をつくるためのガイドブックも刊行されています[66]．

---

62) 秋山正子編：「暮らしの保健室」ガイドブック．日本看護協会出版会，東京 (2021).

63) 秋山正子：大都市の独居認知症高齢者の暮らしを支える; 団地のなかの「暮らしの保健室」からみえること．老年精神医学雑誌, **31**(5):487-498 (2020).

64) 秋山正子：「暮らしの保健室」を利用して地域生活を継続している独居認知症高齢者の事例の分析．令和元年度厚生労働科学研究「独居認知症高齢者等が安全・安心な暮らしを送れる環境づくりのための研究」総括・分担研究報告書（研究代表者粟田主一），pp.151-181 (2020).

65) 秋山正子，神保康子：「暮らしの保健室」を利用して地域生活を継続している独居認知症高齢者の事例の分析; 令和 2 年度厚生労働科学研究「独居認知症高齢者等が安全・安心な暮らしを送れる環境づくりのための研究」総括・分担研究報告書（研究代表者粟田主一），pp.168-183 (2021).

66) 秋山正子編：「暮らしの保健室」ガイドブック．日本看護協会出版会，東京 (2021).

コラム3：「認知症カフェ」と「チームオレンジ」

認知症カフェとは，認知症の人やその家族，地域住民，専門職が，カフェ等の形態で集う取組とされています．だれでもが気軽に集える場で，訪れるのも，帰るのも自由な空間です．ここでは，認知症について知る・学ぶ・考えることができ，認知症である当事者・家族・地域住民・専門職がつながれる場としての意義があり，認知症である当事者同士の出会いを促進し，介護者のストレス軽減にも役立つとされています．この事業は，市町村の地域支援事業（認知症地域支援・ケア向上事業）において配置される認知症地域支援推進が行う事業の 1 つとされています．

一方，チームオレンジとは，認知症サポーター養成講座に加え，認知症サポーターをより実際の活動につなげるためのステップアップ講座を受講した人を中心に，認知症サポーターによる支援を，認知症の人やその家族の支援ニーズにつなぐ仕組みとされています．チームオレンジの活動の仕方は多様であり，「認知症カフェ」や「介護予防教室」などの既存の地域拠点を活用した取り組み，新たな地域拠点をつくって活動する取組，拠点をつくらずに活動する取組などがあります．この事業は，市町村の地域支援事業（認知症サポーター活動促進・地域づくり推進事業）に位置づけられています．

ひとり暮らし認知症高齢者の「生活支援ネットワークをつくる地域拠点」の活動については，現在のところその財政基盤を形成することができる明確な公的事業は存在しません．しかし，このような既存の地域支援事業を活用しながら，本書で紹介しているような拠点づくりをはじめられる可能性があります．

（厚生労働省のホームページ；認知症カフェの事例集など．
https://www.mhlw.go.jp/stf/seisakunitsuite/bunya/0000167800.html）
（認知症サポーターキャラバンのホームページ；チームオレンジとは．
https://www.caravanmate.com/team-orange/）

3）ふるさとの会

「ふるさとの会」は，1990 年に東京の山谷地域で，日雇い労働者が高齢により働くことが難しくなったときに孤立しないように，居場所の提供や安否確認などをするボランティア団体として発足したものです．1998 年頃には，居場所は，気軽に集まって自由にのんびり過ごすことができる「共同リビング」として毎日稼動するようになり，昼食を提供したり，相談に応じたり，イベントを開催したり，来所できなくなったメンバーには夕方訪問して安否確認をするなどの活動が行われるようになりました[67]．その後，「ふるさとの会」では，空き家を活用した共同居住のための住まいを確保し，居住支援と生活支援を一体的に提供し，低所得の認知症高齢者のような人々が住み続けられる地域をつくる「寄りそい地域事業」を始めています[68]．この活動は，2018 年の社会福祉法及び生活保護法の改正によって導入された「日常生活支援住居施設」のモデルになっています（第３章２-２）参照）．

２．金融ジェロントロジー

金融ジェロントロジーとは，個人の資産選択や財産管理といった金融の問題に「老年学」の知見を生かそうとする学際的な研究領域を示す言葉です[69]．わが国における金融ジェロントロジーの歴史はまだ浅いのですが，認知機能が低下した高齢者の資産管理への対応については，①高齢者自身が，認知機能が低下する前に備えておくべきこと，②金融機関が，認知機能の低下した高齢者向けのきめ細かい金融サービスを拡充すること，③信託や成年後

[67] 的場由木：社会的に孤立し，生活困窮状態にある認知症高齢者の生活支援．老年精神医学雑誌 **31**(5): 481-486 (2020).

[68] 滝脇憲：大都市に暮らす単身・低所得認知症高齢者の「住まい」と「生活支援」．老年精神医学雑誌 **26**(5): 498-508 (2015).

[69] 駒村康平：認知機能の低下が経済活動に与える影響；Cognitive Aging の時代と金融ジェロントロジーの可能性．日社精医誌，**28**:257-264 (2019).

見制度を適切に利用すること，などの具体的な提案がなされ[70)]，社会実装に向けた取り組みも進められてきています[71)]．

３．IT 技術の活用

ひとり暮らしの高齢者の見守り支援や服薬管理支援を行う IT 機器が開発され実用化されてきています（第３章４-１），４)，第４章８-1)，４)，６）参照）．しかし，独居の認知症高齢者の生活支援にどの程度役立っているかについてはまだ十分な検証はなされていません．これからの重要な研究課題のひとつです．

IT 技術のひとつである地理情報システムを用いることによって，日常生活圏域における地域特性を把握し，それに基づいた地域連携も可能になるとする研究があります[72)]．たとえば，地理情報システムを用いて，住居形態（戸建て住宅，分譲マンション，賃貸マンション，アパート）別の高齢者数や独居者数などの確度の高い推計値を得ることができ，災害リスクや医療施設との距離などから地域特性を分析・分類することが可能になります．災害リスクを可視化することも可能となるので，災害リスクを起点にして，分譲マンションの管理組合や自治会・町内会などの要支援者対応（高齢者の見守り）に繋げることも期待できます．ただし，このような情報システムが犯罪に悪用されたりしないように厳重な管理が必要です．

---

70) 駒村康平：みんなの金融；良い人生と善い社会のための金融論．新泉社，東京 (2021).

71) 樋山雅美，大庭輝，成本迅：高齢者の生活に役立つイノベーションを創出するための産業界との連携について．高齢者のケアの行動科学, **25**: 25-34 (2020).

72) 田中昌樹：認知症とともに一人で暮らす高齢者の防災対策に向けて．老年精神医学雑誌, **33**(3): 288-296 (2022).

コラム４：認知症フレンドリー・テクノロジー（認知症フレンドリーテック）

認知症とともに安全・安心な暮らしを送れる環境をつくり出すために，さまざまなテクノロジーを開発し，活用していこうとする考え方を「認知症フレンドリー・テクノロジー（Dementia Friendly Technology）」とよんでいます．福岡市のたろうクリニック院長の内田直樹氏は，これを「認知症フレンドリーテック」と命名し，テクノロジーを使って認知症フレンドリーなまちづくりを進める活動を行っています．高齢者はICTなどのテクノロジーは苦手であり，ましてや認知症の人には活用は無理であろう，と考えられがちですが，イギリスでは，2014年に，認知症とともに生きる人々が，その人のニーズに適ったテクノロジーを利用するための支援につながれるように，「認知症フレンドリー・テクノロジー憲章（Dementia-friendly technology charter）」を発出しています．この憲章では，認知症と診断される前でも，後でも，テクノロジーが認知症とともに生きる本人・家族・友人にとっていかに助けになるかが記されています．また同時に，配慮すべき倫理的問題，本人の同意，ニーズやアウトカムを再評価する必要性などについても記されています．わが国においても，認知症である本人が，記憶や外出をサポートするためにスマートフォンを利用したり，服薬を忘れたり，外出時に施錠を忘れたりしないように音声で声がけしてくるツールを利用したり，必要なときにオンラインで家族や友人とコミュニケーションできるシステムを活用するなど，さまざまなテクノロジーが開発され，活用されはじめています．このようなテクノロジーの開発が，認知症になってからもひとり暮らしが可能な環境づくりを促進するかもしれません．

4．災害への備えと対応

認知症高齢者は，災害時の避難行動に困難を来したり，生活環境の変化によって認知症の症状が顕在化したり，悪化したりするということが報告されています[73]．身近な家族介護者がいない独居の認知症高齢者では，災害後の状況の中で心身の状態変化への対応や必要な支援へのアクセスに支障を来す場合があり，そのことが被災後の生活をさらに困難にする可能性があります．

独居認知症高齢者等への災害時の影響を少なくするためには，平時から継続した地域社会における支援が重要です．在宅避難等では，インフォーマルな互助・共助による支援が重要となることから，平時から，地域住民が認知症高齢者への理解を深めるとともに，顔の見える生活支援のネットワークを構築しておくことが災害への備えにつながります．また，災害後の在宅生活の継続にあたっては，医療・介護サービスの継続と住宅の確保が特に重要な課題となります．

市区町村には，避難行動要支援者名簿の作成が義務づけられ，名簿対象者の個別避難計画策定が努力義務となっています[74]．しかし，地域のなかで独居認知症高齢者等を把握し，障害の状況や地域の実情に応じた避難計画を作成するには，平時より本人の支援に関わっている地域の住民や専門職との連携が欠かせません．

①独居認知症高齢者等の災害時支援の問題点を明確化させ，解決策を検討し，防災計画に反映させること，

---

[73] 東京都健康長寿医療センター：地域の潜在認知症患者の早期診断に関する調査研究事業．平成 23 年度老人保健健康像人等事業報告書（平成 24 年 3 月）．

[74] 2013 年の災害対策基本法の改正によって避難行動要支援者名簿の作成が市町村の義務とされ，2021 年の同法の改正によって避難行動要支援者の個別避難計画の作成が市町村の努力義務とされた．

②地域の住民や専門職との連携体制をつくり，避難行動要支援者名簿と個別避難計画を策定し，その実現性や有効性を検討すること，

などが，今後の課題として残されています．

コラム５：地区防災計画

防災計画には，中央防災会議が作成する「防災基本計画」（政府の防災対策に関する基本的な計画）と，これに基づいて指定行政機関及び指定公共機関が作成する「防災業務計画」，地方公共団体が作成する「地域防災計画」があります．これに加えて，2013年の災害対策基本法の改正によって，新たに「地区防災計画」を作成することができるようになりました．これは，2011年の東日本大震災の際に，地域住民自身による自助，地域コミュニティにおける共助が，避難誘導，避難所運営等において重要な役割を果たしたという経験に基づくものです．災害対策基本法では，地区防災計画とは，「地域コミュニティにおける共助による防災活動の推進という観点から，市区町村内の一定の地区の居住者及び事業者が共同して行う当該地区における自発的な防災活動に関する計画」と定義されています．想定されている地区の範囲は自治体，町内会，小学校区，マンション単位などさまざまであり，活動主体も地域住民，自主防災組織，企業，地域の協議会，学校，病院，社会福祉法人と多様です．地区防災計画の特徴の１つは，地区の特性に応じて，自由な内容で防災計画を作成することができるという点です．このような小規模の圏域で作成する柔軟な計画であれば，「避難行動要支援者名簿」や「個別避難計画」についても，地域住民，保健・医療・福祉の専門職，インフォーマルな社会資源の協力の下で，実効性の高いものを作成することができるかもしれません．また，平時から構築されている「生活支援のネットワーク」を基盤にすれば，災害時にあってもひとり暮らしの認知症高齢者を「取り残さない」地域づくりに発展させることができるかもしれません．

（内閣府のホームページ；みんなでつくる地区防災計画
https://www.bousai.go.jp/kyoiku/chikubousai/index.html）

第８章

持続可能な地域共生社会の実現に向けて

厚生労働省によれば，地域共生社会とは，制度・分野ごとの『縦割り』や「支え手」「受け手」という関係を超えて，地域住民や地域の多様な主体が参画し，人と人，人と資源が世代や分野を超えてつながることで，住民１人ひとりの暮らしと生きがい，地域をともに創っていく社会である，とされています．また，そのような社会を目指す背景として，①高齢化や人口減少が進み，地域・家庭・職場という人々の生活領域における支え合いの基盤が弱まってきていること，②人口減少によって，多くの地域社会で社会経済の担い手の減少を招き，それを背景に，耕作放棄地や，空き家，商店街の空き店舗など，さまざまな課題が顕在化し，地域社会の存続への危機感が生じていること，③さまざまな分野の課題が絡み合って複雑化したり，個人や世帯単位で複数分野の課題を抱えるなど，複合的な支援を必要とするといった状況がみられ，従来の対象者別・機能別に整備された公的支援では対応困難なケースが浮き彫りとなっていること，などをあげています．

このような今日的な時代を反映した問題意識に異論はありませんが，より本質的な意味では，地域共生社会とは，認知症や障害の有無に関わらず，すべての人の「市民として権利」が守られ，尊厳ある自立生活を営むことができる社会であり，それは時代を超えた，私たちの社会が目指すべき普遍的な方向性なのではないか，と考えます．しかし，そのような社会を実現するためには，認知症や障害をもって生きる１人ひとりのニーズを理解し，そのニーズに対応できるような社会環境をつくり出していくことから始めなければなりません．そのためには，今日の社会環境において，そのようなニーズの充足を阻む要因が何であるかを徹底的に調査・分析し，その構造を変革していくための試行錯誤を積み重ねる必要があるのかと思われます．そのような歩みのなかで，科学的なエビデンスが蓄積され，地域共生社会が新たな文化として定着していくのだと思います．

本書が，そのような道筋の第１歩となることを目指したものですが，内容ははなはだ未熟なものであると認識しております．ご一読いただいた皆さまから，忌憚のないご意見をいただければ幸いです．皆さまのご意見を参考にしながら，より充実した成果物を世に出すことができるように努めていきたいと考えております．

附録　社会的支援ニーズ・アセスメントシート

対象者氏名:　　　　　　　　男・女　年齢　　歳

大項目	中項目
□医療支援ニーズ:	□認知症の医学的評価: □認知症以外の精神疾患に関する医学的評価: □身体的健康問題の医学的評価: □継続医療の確保:
□居住支援ニーズ:	□現在の居住環境の整備: □新たな住まいの確保:
□経済支援ニーズ:	
□生活支援ニーズ:	□見守りに関する生活支援: □参加・交流に関する生活支援: □受療に関する生活支援: □服薬管理に関する生活支援: □金銭管理やサービスの利用手続きに関する生活支援: □水分・栄養確保・買物・環境調整等に関する生活支援: □移動に関する生活支援:
□介護保険サービスの利用支援ニーズ:	
□権利擁護支援ニーズ:	□日常生活自立支援事業の利用支援: □成年後見制度の利用支援: □虐待への対応: □消費者被害への対応:
□家族介護者の支援ニーズ:	□家族介護者への一般的支援: □別居介護者への支援: □介護者が仕事をしている場合の支援:
□その他の支援ニーズ:	

記載日:　　年　　月　　日　記載者:

作成:東京都健康長寿医療センター研究所　粟田主一

社会的支援ニーズ・アセスメントシートの使い方

社会的支援ニーズ・アセスメントシートは，地域のなかで行われる相談や診療の場などで，認知症などの障害をもって生きる人が地域生活を継続していくために必要と考えられる社会的支援を把握し，適切なサービスにつながれるようにするためのツールです．本人，家族，知人から直接話を聞いたり，普段の生活の様子を観察したり，多職種からなる関係者で情報を共有しながら，該当する項目をチェックし，余白に具体的な内容を記入してください．以下に，地域生活を継続するうえで，認知症の人に現れやすい社会的支援ニーズを簡単に解説します．

項目	解説
医療支援のニーズ	認知症が疑われる場合，それが「認知症の状態か否か」「背景にある要因は何か」という2段階の評価が必要になります．また，認知症以外の精神的健康問題が認められる場合には，認知症以外の精神疾患に関する評価が必要になります．認知症では，高齢である場合が多いこと，脳の病気があること，服薬管理・栄養管理の支障が健康状態を悪化させている場合があることなどから，身体的健康問題の評価が必要な場合が少なくありません．認知症疾患，精神疾患，身体疾患が認められ，かつ継続医療が必要と判断される場合には，通常，かかりつけ医と連携して必要な継続医療を確保します．また，かかりつけ医がいない場合には，認知症サポート医や認知症疾患医療センター等と連携して継続医療が確保されるよう調整します．独居の場合，医療機関への受診に際しては「受療に関する生活支援」が必要となる場合があります．
居住支援のニーズ	認知症であり，かつ独居である場合には，認知機能障害や生活障害によって住み慣れた「住まい」を失う状況に直面する場合が少なくありません．居住支援とは，生活を継続するための「住まい」を安定的に確保するための支援であり，ここには，「現在の居住環境を整備する支援」と「新たな住まいを確保する支援」が含まれます．
経済支援のニーズ	経済的な理由から本来必要なサービスの利用が困難な状況にある場合には，経済支援のための諸制度に関する情報を提供し，サービスの利用を調整する必要があります．本人が自分でサービス利用のための諸手続きができない

	場合，通常は家族がこれを支援しますが，家族がいない場合には，「金銭管理やサービスの利用手続きに関する生活支援」が必要となる場合があります．
生活支援のニーズ	介護保険給付サービスではカバーされにくい日常生活の支援（通常は家族によって提供されている支援）のことを生活支援とよびます．認知症の人にしばしば必要とされる生活支援には，見守り支援，参加・交流の支援，移動に関する支援，受療に関する支援，服薬管理に関する支援，金銭管理に関する支援，水分・栄養確保・買物・環境調整等に関する支援があります．
介護保険サービスの利用支援ニーズ	介護保険サービスの利用が有用であると考えられる場合には，地域包括支援センターと連携して，要支援要介護認定とサービス利用に向けた支援を行います．また，実際にサービスを利用する際には，介護支援専門員の協力を得て，本人の希望を尊重しながらトータルな支援計画（ケアプラン）を立てます．本人が自分でサービス利用のための諸手続きができない場合，通常は家族がこれを支援しますが，家族がいない場合には，「金銭管理やサービスの利用手続きに関する生活支援」が必要となる場合があります．
権利擁護支援のニーズ	判断能力の低下等のために権利が侵害されやすい状況にある人の権利を護るための支援ニーズです．独居である場合には「判断能力の低下」と「社会的孤立」という2つの要因によって，権利侵害のリスクがさらに高まります．判断能力が十分ではなく，財産管理や福祉サービス等の利用契約が困難なときには日常生活自立支援事業や成年後見制度の利用を考慮します．また，虐待が疑われる場合，消費者被害が疑われる場合にはそれに対する対応を検討します．
家族介護者の支援ニーズ	家族は，認知症高齢者の生活支援の大切な担い手になっていますが，生活支援の領域は広範であり，それによって家族の負担は大きくなりがちです．独居の場合には通いながら生活支援を提供している別居介護者への支援が必要な場合があります．また，介護者が仕事をしている場合には，仕事と介護の両立支援が必要な場合もあります．

注）詳細は第 3 章を参照してください．

2019年度～2021年度厚生労働科学研究費補助金
認知症政策研究事業「独居認知症高齢者等が安全・安心な暮らしを送れる環境づくりのための研究」
研究班メンバー一覧

＜研究代表者＞

粟田主一：東京都健康長寿医療センター研究所・副所長

＜研究分担者＞（五十音順）

石崎達郎：東京都健康長寿医療センター研究所 福祉と生活ケア研究チーム・研究部長

井藤佳恵：東京都健康長寿医療センター研究所 福祉と生活ケア研究チーム・研究部長

稲垣宏樹：東京都健康長寿医療センター研究所 自立促進と精神保健研究チーム・研究員

岡村　毅：東京都健康長寿医療センター研究所 自立促進と精神保健研究チーム・研究副部長

川越雅弘：埼玉県立大学大学院 保健医療福祉学研究科・教授

菊地和則：東京都健康長寿医療センター研究所 福祉と生活ケア研究チーム・研究員

角田光隆：神奈川大学法学部・教授

堀田聰子：慶應義塾大学大学院 健康マネジメント研究科・教授

＜研究協力者＞（五十音順）

秋山正子：特定非営利活動法人白十字在宅ボランティアの会暮らしの保健室・室長

池内朋子：東京都健康長寿医療センター研究所 福祉と生活ケア研究チーム・研究員

宇良千秋：東京都健康長寿医療センター研究所 自立促進と精神保健研究チーム・研究員

枝広あや子：東京都健康長寿医療センター研究所 自立促進と精神保健研究チーム・研究員

大口達也：高崎健康福祉大学 健康福祉学部　講師
大久保豪：立命館大学生存学研究所・客員協力研究員
大塚理加：国立研究開発法人防災科学技術研究所 災害過程研究部門・研究員
大村綾香：一般社団法人 人とまちづくり研究所・研究員
大森千尋：筑波大学大学院人間総合科学学術院 博士課程
岡崎啓子：足立区福祉部地域包括ケア推進課　認知症施策推進担当・係長
猿渡進平：一般社団法人 人とまちづくり研究所・理事
島田千穂：佐久大学 人間福祉学部・教授
神野真実：一般社団法人 人とまちづくり研究所・研究員
神保康子：特定非営利活動法人白十字在宅ボランティアの会暮らしの保健室
杉山美香：東京都健康長寿医療センター研究所 自立促進と精神保健研究チーム・研究員
瀧脇　憲：特定非営利活動法人自立支援センターふるさとの会・代表理事
田中昌樹：大和ライフネクスト株式会社 マンションみらい価値研究所
田平隆行：国立大学法人鹿児島大学 医学部・教授
津田修治：東京都健康長寿医療センター研究所・研究員
中山莉子：東京都健康長寿医療センター研究所 自立促進と精神保健研究チーム・研究員
的場由木：特定非営利活動法人自立支援センターふるさとの会・理事
丸田道雄：国立大学法人鹿児島大学 医学部・客員研究員
南　拓磨：埼玉県立大学　保健医療福祉学部・特任助教
宮前史子：東京都健康長寿医療センター研究所 自立促進と精神保健研究チーム・研究員
矢野雅代：慶應義塾大学・研究員
米澤純子：特定非営利活動法人白十字在宅ボランティアの会暮らしの保健室
涌井智子：東京都健康長寿医療センター研究所 福祉と生活ケア研究チーム・研究員

＜事務局＞（五十音順）
海野尚子：東京都健康長寿医療センター研究所　自立促進と精神保健研究チーム
續木宜子：東京都健康長寿医療センター研究所　自立促進と精神保健研究チーム

認知症高齢者の安全・安心な暮らしとは？

ひとり暮らしが可能な環境をつくるために

2023 年2月25日　第１版第１刷
2023 年5月25日　第１版第２刷

定　価　本体1,500 円＋税
著　者　粟田　主一
発行者　吉岡　千明
発行所　株式会社 ワールドプランニング
〒162-0825　東京都新宿区神楽坂4 - 1 - 1
Tel：03-5206-7431
Fax：03-5206-7757
E-mail：wp-office@worldpl.co.jp
http://www.worldpl.co.jp
振替口座　00150-7-535934
印　刷　株式会社双文社印刷

ISBN978-4-86351-240-5 C3036